Meine vegetarische Familienküche

Julia Radtke

Meine vegetarische Familienküche

Kochen mit 7 Zutaten

Jan Thorbecke Verlag

VERLAGSGRUPPE PATMOS

PATMOS
ESCHBACH
GRÜNEWALD
THORBECKE
SCHWABEN
VER SACRUM

Die Verlagsgruppe
mit Sinn für das Leben

MIX
Paper | Supporting responsible forestry
FSC® C084698
www.fsc.org

Klimaneutral
Druckprodukt
ClimatePartner.com/14549-2003-1001

Die Verlagsgruppe Patmos ist sich ihrer Verantwortung gegenüber unserer Umwelt bewusst. Wir folgen dem Prinzip der Nachhaltigkeit und streben den Einklang von wirtschaftlicher Entwicklung, sozialer Sicherheit und Erhaltung unserer natürlichen Lebensgrundlagen an. Näheres zur Nachhaltigkeitsstrategie der Verlagsgruppe Patmos auf unserer Website www.verlagsgruppe-patmos.de/nachhaltig-gut-leben

Verlagsgruppe Patmos in der Schwabenverlag AG, Ostfildern
www.thorbecke.de

Texte: Julia Radtke
Fotos: © Carlie Consemulder: Vor- und Nachsatzpapier, Seite 2, 5, 6, 8, 9 oben, 10 unten, 11, 12, 13, 14, 16, 17, 18, 19, 20, 21, 25, 31, 42, 43, 69, 74, 75, 76, 77, 154, 155, 156, 160, 168, 171, 172, 173, 188, 189, 190, 193, 195, 196, 197, 198, 199, 200; alle übrigen Fotos © Julia Radtke.
Gestaltung: Finken & Bumiller, Stuttgart
Druck: PNB Print Ltd, Silakrogs
Hergestellt in Lettland
ISBN 978-3-7995-1575-7 (Print)
ISBN 978-3-7995-1577-1 (E-Book)

Inhalt

Vorwort

Das Management einer Familie kann man durchaus mit dem eines kleinen Unternehmens vergleichen. Alle haben ihre Bedürfnisse, Pflichten, Launen und Vorlieben. Hinzu kommt, dass der Alltag von Familien nicht selten von Terminstress geprägt ist. Morgens die Kinder fertig machen, pünktlich in der Kita und Schule abliefern, zur Arbeit düsen, schnell wieder zurück, die Kinder einsammeln, gefolgt von Fußball- und Balletttraining, noch fix das neue Gitarrenstück üben und – oh Schreck! – waren noch Hausaufgaben zu machen? Und noch schlimmer: Oh je, wir müssen ja noch für die Mathearbeit morgen üben. Sich in diesem Alltag auch noch um eine gesunde Ernährung und abwechslungsreiche Mahlzeiten zu kümmern, kann einen ganz schön unter Druck setzen.

Mit diesem Buch möchte ich euch genau diesen Druck nehmen. Kein Rezept in diesem Buch beinhaltet mehr als sieben Zutaten, und so sind die Gerichte allein schon deshalb leicht und schnell zubereitet. Denn auch mit wenigen Zutaten kann man ganz unkompliziert schnelle und trotzdem gesunde und abwechslungsreiche Mahlzeiten auf den Tisch bringen. Wenige Zutaten bedeuten nicht nur weniger Aufwand in der Küche, sondern auch kürzere Einkaufszettel, weniger Supermarktbesuche, weniger Schnippelarbeit und somit einen insgesamt geringeren Aufwand. Das alles spart Zeit und geschmacklich machen wir keinerlei Abstriche. Versprochen!

Und weil ich für mich persönlich beschlossen habe, auf Fisch und Fleisch weitestgehend zu verzichten und dadurch ein bisschen mehr auf meinen ökologischen Fußabdruck zu achten, kommt dieses Buch komplett ohne Fleisch und Fisch aus. Ich gehöre nicht zu den Menschen, die den Anspruch an sich selbst oder andere stellen, in dieser Hinsicht alles perfekt machen müssen. Aber ich glaube ganz fest daran, dass wir alle kleine Schritte machen können und unseren Kindern einen bewussten Umgang mit Lebewesen und allgemein Lebensmitteln mitgeben sollten. Und wenn jeder einen noch so kleinen Teil in Richtung Bewusstsein beiträgt, kommen wir unserem Ziel schon etwas näher. Ich möchte anregen, vielleicht die eine oder andere Mahlzeit komplett fleischfrei zu halten. Das heißt nicht, dass wir uns alle zu 100 Prozent vegetarisch ernähren müssen, aber ich möchte in diesem Buch leckere Alternativen zu Fleisch und Fisch aufzeigen. Wer gern Fleisch oder Fisch zu seinen Mahlzeiten hat, der kann beides ganz komplikationslos zu den Rezepten ergänzen. Gerade die Gemüserezepte eignen sich hierfür ganz hervorragend. Dieses Buch soll niemandem etwas vorschreiben, sondern euch inspirieren. Ergänzt Zutaten, tauscht sie aus oder lasst sie weg. Macht die Gerichte gerne zu euren ganz eigenen.

Viel Spaß dabei!
Eure Julia

Meine Philosophie

In der Küche bevorzuge ich es schnell und unkompliziert. Klar kann man sich mal für ein besonderes Event ein paar Stunden in der Küche verkriechen und das perfekte Dinner kochen. Ich liebe solche Momente und freue mich auch immer darüber, wenn es die Zeit zulässt und ich so richtig aufwendige Kreationen auf den Tisch bringen kann. Aber im Alltag ist das einfach nicht möglich. Hier bevorzuge ich schnelle, einfache und ausgewogene Rezepte. Und am allerliebsten mit Zutaten, von denen man die meisten sowieso im Vorratsschrank hat und zu denen man nur noch Frisches ergänzen muss. Wenn ich für ein Gericht vier verschiedene Supermärkte anpeilen muss, um alle Zutaten zu bekommen, dann bin ich meistens schon raus aus der Nummer, bevor ich angefangen habe. Ich möchte meine Familie gesund und abwechslungsreich ernähren, aber bitte möglichst unkompliziert. Deshalb ist der erste Ansatz eines jeden Rezeptes von mir, keine ausgefallenen Zutaten zu verwenden.

Viele meiner Rezepte sind dazu geeignet, sie miteinander zu kombinieren. So kann man z. B. den Brokkoli mit cruchy Haferflocken (Seite 134) prima mit dem Weiße-Riesenbohnen-Salat (Seite 113) kombinieren. Oder auch z. B. die Dinkelbrötchen (Seite 53) prima zu einem Brunch am Wochenende servieren und dazu eine Frittata (Seite 58) reichen. Außerdem kann man bei nahezu allen meinen Rezepten nach eigenen Vorlieben ergänzen oder austauschen. Wenn ihr keine Shiitake-Pilze mögt oder im Supermarkt um die Ecke nur Champignons bekommt, dann nehmt eben, was es gerade gibt oder euch schmeckt. Ihr mögt keine Kokosraspel in eurem Schoko-Granola? Dann lasst sie einfach weg oder ersetzt sie beispielsweise durch Kürbiskerne, Leinsamen oder gehackte Cashewnüsse. Ich möchte mit diesem Buch Anregungen geben und inspirieren, schnell und einfach zu Hause zu kochen, zu backen und vor allem zu genießen.

Wir alle lieben gesundes Essen und legen großen Wert darauf, unsere Familie ausgewogen zu ernähren. Aber sind wir mal ehrlich: Sich ausschließlich zuckerfrei zu ernähren funktioniert für die wenigsten. Das kann man mal phasenweise durchziehen, aber irgendwann kommen die Gelüste auf Süßes. Ich gehöre definitiv zu den Menschen, die sich nicht ausschließlich roh, vegan und zuckerfrei ernähren können. Allein schon deshalb halte ich nichts von Verboten. In allererster Linie soll Essen Spaß machen und nichts mit Verzicht und einem schlechten Gewissen zu tun haben. Für uns persönlich klappt die 80-20-Regel sehr gut. Wir ernähren uns im Schnitt zu 80 Prozent gesund und erlauben uns zu 20 Prozent alles. Für mich spricht demnach absolut nichts gegen einen Schoko-Snack am Nachmittag oder ein Stück Kuchen am Wochenende. Auch die Käse-Gnocchi aus dem Ofen genießen wir in vollen Zügen, weil Soulfood das Leben einfach schöner macht. Der Körper sagt einem im Regelfall, was er braucht. Man muss nur genau hinhören und ihn verstehen. Und er verlangt ganz automatisch die meiste Zeit nach nährstoffreichen Mahlzeiten.

Aber manchmal ist es auch die Seele, die nach einem Schoko-Cookie ruft. Körper und Seele – meiner Meinung nach haben beide gleichermaßen unser Gehör verdient. Für beides findet ihr in diesem Buch ausreichend Rezepte. Am Ende soll Essen für mich Freude bereiten, und ich möchte, dass meine Familie und ich eine gute Zeit haben. Das gemeinsame Essen in der Familie ist für mich das Schönste auf der Welt. Es bedeutet für mich Qualitätszeit, eine Entschleunigung und vor allem die wunderbare Möglichkeit, sich am Tisch auszutauschen. Tolle Gespräche, begleitet von einem leckeren Essen, und meine Liebsten um mich herum – das ist Familienleben! Das ist, was mein Herz erfüllt.

Wie bekomme ich genug Vitamine und Nährstoffe in mein Kind?

In dem Moment, in dem man Eltern wird, schwingt mit einem Mal immer eine unterschwellige Angst mit. Keine Panik oder eine lähmende Angst, vielmehr eine chronische Sorge. In der Babyzeit begleiten einen Fragen und Unsicherheiten rund um die Gewichtszunahme, ums Stillen oder Nicht-Stillen, um die richtige Raumtemperatur, ums Bäuerchen, das Schlafen ... – die Liste könnte vermutlich noch ewig weitergeführt werden. Je älter die Kinder werden, desto mehr verschieben sich die Themen. Wo man sich früher noch Sorgen über ein Bäuerchen gemacht hat, versucht man später seinem Kind zu erklären, dass Rülpsen echt nicht cool ist.

Je älter die Kinder werden, desto mehr wird Loslassen zum Thema. Vor Kurzen noch hat man sein kleines Baby behütet, und mit einem Mal schon kommen Kindergarten und Schule, Freunde und eigene Hobbys. Aber was uns immer bleibt und mir persönlich sehr wichtig ist: gemeinsame Mahlzeiten. Essen verbindet und bringt uns alle an einen Tisch. Hier finden Gespräche statt, hier tauscht man sich aus und erzählt von seinem Tag. Und gleichzeitig beginnt hier auch nicht selten der Frust. Leider. Denn nicht immer werden unsere gekochten Gerichte von den Kids bejubelt. Bei uns war es nicht selten, dass quasi keine anderen Farben als gelb und weiß auf dem Teller „stattfinden" durften; das heißt also Nudeln, Kartoffeln, Ei, Käse und Brot. Meinen Frust über diese Zeit muss ich euch vermutlich nicht näher erklären. Und hier kommt irgendwann auch wieder unsere gute alte Begleiterin, die Sorge, ins Spiel.

Mir sagte mal jemand: Kleine Kinder, kleine Sorgen – große Kinder, große Sorgen. Ich möchte die Sorgen frischer Eltern gar nicht schmälern. Zu dieser Zeit sind die kleinen Themen eben groß, und das ist auch vollkommen richtig und in Ordnung so.

Und auch wenn sich so gut wie alle Themen mit der Zeit immer wieder auflösen und irgendwann nicht mehr relevant sind, bleibt doch eine Sorge immer stehen, unabhängig davon, wie alt das Kind ist: Isst mein Kind gesund? Bekommt es alle Nährstoffe, die es zum Wachsen braucht? Ist diese Nudel-Butter-Phase noch gesund oder bekommt es bald Mangelerscheinungen?
Ich bin tatsächlich einmal mit genau dieser Frage zu unserem Kinderarzt gegangen. Ich hatte Sorge, dass mein Kind von Nudeln allein nicht ausreichend mit Nährstoffen und Vitaminen versorgt und bald Mangelerscheinungen haben würde. Das ist jetzt schon

einige Jahre her, aber seine Antwort habe ich nie vergessen. Sie ist vielmehr zu einem Leitsatz für mich geworden: „Die Kinder holen sich schon, was sie brauchen." That's it! So einfach ist es. Es hat mir so große Erleichterung gebracht und jeden Druck von mir genommen. Und er hatte Recht. Natürlich hat mein Sohn auch irgendwann wieder etwas anderes als Nudeln gegessen. Es ist alles nur eine Phase und niemand sollte sich selbst in Angst und Schrecken versetzen, wenn ein Kind mal durch eine solch radikale Phase geht. Das geht vorbei. Also bitte ich alle, die derzeit so einen Kandidaten zu Hause haben, nicht in Stress und Anspannung zu verfallen. Damit bewirkt man meist genau das Gegenteil. Mit Leichtigkeit und Ruhe kommt man hier oft weiter. Und mit kleinen Tricks. Smoothies sind für solche Momente meine Wunderwaffe Nummer 1.

Smoothies sind ein so gutes Mittel, den größten Obst- und Gemüseverweigerern doch ein paar Vitamine täglich unterzujubeln. Mein Sohn hat Smoothies zum Glück immer geliebt. Auch in diesem Buch findet ihr ein paar unserer liebsten Rezepte. Ein Smoothie täglich und die Kids sind gut versorgt. Und wir Eltern haben ein gutes Bauchgefühl. Außerdem findet ihr in diesem Buch einige Pastarezepte. Nudeln gehen ja bekanntlich immer und über die verschiedenen Saucen kann man auch ein paar Vitamine und gute Nährstoffe reinschmuggeln.

Manchmal aber machen es uns unsere Kleinsten ganz schön schwer, am Tisch zu entschleunigen, und Essen wird häufig zu einem gefühlten Marathon, nach dem man mit den Nerven fix und fertig ist. Verzagt nicht und zweifelt nicht an euch selbst. Ich wiederhole mich, aber: Es ist alles nur eine Phase!

Dennoch, wir sind alle unterschiedlich – so auch unsere Kinder. Deshalb sind alle meine Erfahrungen bestimmt nicht 1:1 auf eure Familien übertragbar. Aber vielleicht geben sie dem oder der einen oder anderen eine Inspiration und ein Stück Gelassenheit.

Es gibt natürlich auch die seltene Spezies der komplikationslosen Allesesser. Wenn ihr ein Exemplar dieser Sorte zu Hause habt, dann gratuliere ich euch von ganzem Herzen. Ehrlich! Wer hier Neid heraushören mag, der liegt ganz sicher falsch.

Die drei Entwicklungsphasen

Phase 0–2 Jahre

Von Milch auf feste Nahrung bzw. Brei umzusteigen ist ein kleiner Meilenstein. Die meisten Kleinkinder sind neugierig und offen gegenüber dieser neuen Erfahrung und probieren mit Freude die neuen Texturen und Aromen. Im Allgemeinen ist der Appetit bei Kleinkindern groß, weil sie durch das schnelle Wachstum und die rasante Entwicklung auch viel Energie verbrennen. Es ist die perfekte Zeit, um die unterschiedlichen Geschmacksrichtungen anzubieten. Süß, sauer, salzig und – nicht zu vergessen – bitter! Klar mögen auch die Kleinsten, genauso wie wir, am liebsten süß. Aber ich persönlich glaube ganz fest daran, dass man die Basis für die weitere Geschmacksentwicklung genau hier setzt. Für mich persönlich galt zu dieser Zeit immer die Faustregel: So wenig raffinierten Zucker und so viel Gemüse wie möglich.

Phase 2–6 Jahre

Bei den berühmt berüchtigten „Terrible Two" handelt es sich meist nicht nur um ein Klischee, sondern um die bittere Wahrheit. Im Alter von ungefähr zwei Jahren bekommen die meisten Kinder ihren eigenen Kopf und Willen. Und sie wissen ihn auch durchzusetzen. Die Konflikte hören beim Thema Essen meist nicht auf. Einige der bisher alles essenden Kinder werden nicht selten zu mäkeligen und undankbaren kleinen Tischnachbarn. Schnell kommt der Frust bei uns Eltern und das mündet in schlechte Stimmung und Angespanntheit. Ich spreche aus eigener Erfahrung, wenn ich sage: Hilft nichts! Der einzige Trick ist, weiterhin Ruhe und eine gewisse Leichtigkeit zu bewahren und Essen weiterhin als etwas Schönes zu zelebrieren. Wenn die Kinder sich weigern und etwas partout nicht wollen, dann eben nicht. Aber ich würde dringend von dem Fehler abraten, eine Extrawurst anzubieten. Diesen Fehler habe ich sehr häufig gemacht und weiß daher, dass das nicht der Weg ist. Was immer hilft und die Neugierde weckt, ist Kinder frühzeitig mit einzubeziehen. Auch die Kleinsten können schon Hilfsarbeiten in der Küche übernehmen und werden sehr stolz darauf sein.

Phase 6–15 Jahre

In diesem Alter können die Kids schon super bei der Planung von Gerichten, die gekocht werden sollen, beim Einkaufen, beim Schnippeln etc. helfen. Die Älteren können vielleicht sogar schon ganz allein kochen. Mit 12 oder 13 Jahren kann man eventuell auch schon die Verantwortung für eine Mahlzeit der Woche übernehmen. An einem festen Tag der Woche wird dann vom Kind das Rezept ausgesucht und gekocht. Das fördert nicht nur die Motorik, sondern auch das Selbstbewusstsein und das Gefühl für Mengen und natürlich den Geschmack. Das Interesse an Essen und auch der Appetit werden hier in der Regel wieder größer und die Mahlzeiten können wieder als entspannte Familienzeit stattfinden, in der man sich von seinem Tag erzählt und miteinander austauscht.

Allgemeine Tipps und Tricks

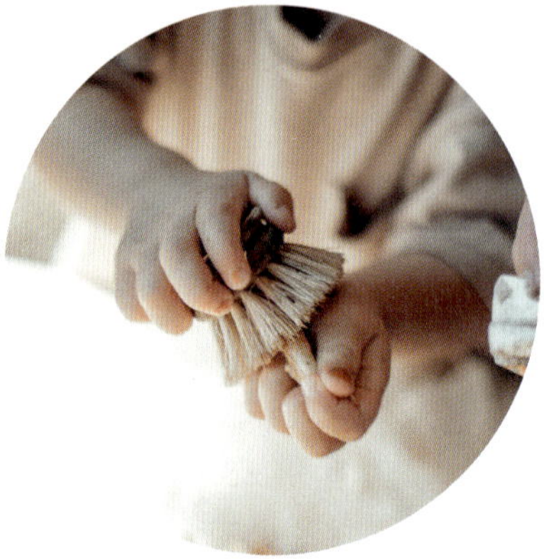

- Immer wieder neue Rezepte ausprobieren und die Neugierde der Kinder ausnutzen. So lernen gerade die Kleinen die unterschiedlichsten Aromen kennen.
- Andere Kinder einladen und gemeinsam mit ihnen essen. So lernen die Kids spielerisch, dass es auch andere Lieblingsessen geben kann.
- Die Kinder früh mit in die Planung und Zubereitung der Mahlzeiten einbeziehen.
- Einen Wunschtag in der Woche einführen. So darf sich jeder aus der Familie nacheinander ein Essen wünschen.
- Nudelsaucen, Smoothies und Joghurt sind tolle Möglichkeiten, Obst und Gemüse im Speiseplan zu integrieren.
- Auch wenn gekochtes Gemüse abgelehnt wird, nicht verzagen und rohe Gemüsesticks mit einem Dip anbieten.
- Werden bestimmte Gerichte abgelehnt, nicht aufgeben! In anderer Form zubereitet oder auch einfach zu einem anderen Zeitpunkt kann die Welt schon wieder ganz anders aussehen.

Welche Zutaten kann ich leicht durch eine gesündere Alternative ersetzen?

Zutat		gesündere Alternative
helle Pasta	→	Dinkel- oder Vollkornpasta
weißer Reis	→	Vollkornreis, Quinoa, Gerste
Weizenmehl	→	Dinkelmehl
Müsli	→	selbst gemachtes Granola
Frittiertes	→	Gebackenes
Fruchtsäfte	→	Wasser mit frischen Früchten
Limonaden	→	Zitronen- oder Minzwasser
Milch	→	pflanzenbasierte Milch (z. B. Hafer- oder Mandelmilch)
Schmand	→	griechischer Joghurt
Milchschokolade	→	Zartbitterschokolade

Noch ein paar Hinweise zu diesem Buch

Als die Idee für dieses Buch entstand, habe ich mir zwei Basis-Zutaten überlegt, die ich zusätzlich zu den maximal sieben Hauptzutaten verwenden würde.

Das sind in meinem Buch:

- Salz & Pfeffer
- Olivenöl bzw. Öl zum Anbraten

Abgesehen von diesen beiden Basis-Zutaten werden pro Rezept maximal sieben weitere Zutaten verwendet – nicht eingeschlossen Wasser.

Wenn ein Rezept im Backofen zubereitet wird, habe ich normalerweise immer die Temperatur für Umluft angegeben, es sei denn, Ober-/Unterhitze ist bei diesem Rezept empfehlenswert. Solltet ihr Ober-/Unterhitze verwenden wollen, wenn Umluft angegeben ist, bitte die Temperatur um 20 °C höher als für Umluft angegeben einstellen.

Bei den Mengenangaben habe ich mich bei manchen Rezepten für kleinere Mengen – ein oder zwei Portionen – entschieden. So fällt es euch bei diesen Rezepten am leichtesten, es an die Größe eurer Familie bzw. die Menge der jeweils aktuell mitessenden Kinder anzupassen.

Schnelles Frühstück unter der Woche

Unter der Woche sind die meisten Morgenstunden im Familienalltag stressig: sich selbst und die Kinder anziehen, Frühstück vorbereiten. Haben denn auch alle die Zähne geputzt und die Haare gekämmt? Sind alle Schulsachen gepackt? So oder so ähnlich sieht es zumindest meistens bei uns aus, und wahrscheinlich geht es euch nicht anders. Deshalb habe ich für euch schnelle Frühstücksideen für unter der Woche: flott gemacht, unkompliziert und trotzdem nahrhaft. Manche kann man schon am Abend zuvor vorbereiten und am nächsten Morgen nur noch aus dem Kühlschrank holen. Andere „schmeißt" man schnell in den Mixer oder rührt ein paar Minuten im Kochtopf. Was aber alle Rezepte in dieser Rubrik gemeinsam haben: Sie sind gesund, sättigend und bilden die perfekte Basis für einen energievollen Start in den Tag. **Für Groß und Klein!**

ZUBEREITUNGSZEIT:
JEWEILS CA. 8-10 MINUTEN

Porridge × 3

Porridge ist das perfekte Frühstück an kalten, ungemütlichen Tagen. Sobald der Herbst beginnt, gibt es bei uns zu Hause regelmäßig Porridge. Ich würde es beinahe als Seelenwärmer bezeichnen, so wohltuend ist eine Schale des warmen Haferbreis. Damit es nicht langweilig wird, kann man hier mit den verschiedensten Zutaten experimentieren. Die Haferbasis bleibt gleich, aber wir ergänzen mit z. B. Bananen, Blaubeeren und Karotten. Die Rezeptmenge einfach nach Bedarf erhöhen – je nachdem, wer mitfrühstückt.

Carrot-Cake-Porridge

ZUBEREITUNG

1. Die Karotte schälen und mit einer Reibe fein reiben.
2. Die geriebene Karotte mit den restlichen Zutaten in einen Topf geben und bei mittlerer Hitze unter Rühren 3–4 Minuten leicht köcheln lassen.
3. Das fertige Porrige in eine Schale geben und für 1–2 Minuten stehen lassen. Nochmals umrühren und nach Belieben noch einen Schuss Milch dazugeben.
4. Mit Walnüssen und Ahornsirup garnieren.

ZUTATEN
FÜR 1 GROßE PORTION

1 mittelgroße Karotte
50 g Haferflocken (Feinblatt)
280 ml Milch (Pflanzenmilch) + eventuell mehr
½ TL Zimt
1 Msp. geriebener Ingwer

TOPPINGS

1 Handvoll Walnüsse
1 EL Ahornsirup

BASIS-ZUTATEN

1 Prise Salz

Bananen-Zimt-Porridge

ZUBEREITUNG

1. Die Banane schälen und in Scheiben schneiden.
2. Die Hälfte der Banane mit den Haferflocken, der Milch und dem Zimt in einen Topf geben und bei mittlerer Hitze unter Rühren 3–4 Minuten leicht köcheln lassen.
3. Das fertige Porige in eine Schale geben und für 1–2 Minuten stehen lassen. Nochmals umrühren und nach Belieben einen Schuss Milch dazugeben.
4. Eine kleine Pfanne erhitzen, die übrig gebliebenen Bananenscheiben mit der Butter hineingeben und von beiden Seiten etwa 1 Minute braten. Mit Ahornsirup ablöschen und die Bananen auf das Porridge geben.

ZUTATEN
FÜR 1 GROẞE PORTION

1 Banane
50 g Haferflocken (Feinblatt)
250 ml Milch (Pflanzenmilch) + eventuell mehr
1 TL Zimt
1 EL Butter
1 EL Ahornsirup

Schoko-Orangen-Porridge

ZUBEREITUNG

1. Die Orange waschen und von der Hälfte Zesten ziehen. Die Orange auspressen.
2. Die Orangenzesten und den Saft zusammen mit den restlichen Zutaten in einen Topf geben und bei mittlerer Hitze unter Rühren 3–4 Minuten leicht köcheln lassen.
3. Das fertige Porige in eine Schale geben und für 1–2 Minuten stehen lassen. Nochmals umrühren und nach Belieben einen Schuss Milch dazugeben.
4. Mit gehackter Schokolade garnieren.

ZUTATEN
FÜR 1 GROẞE PORTION

1 Bio-Orange
50 g Haferflocken (Feinblatt)
200 ml Milch (Pflanzenmilch)
1 EL Rohkakao

TOPPING

gehackte Schokolade

ZUBEREITUNGSZEIT:
5 MINUTEN
+ 2 STUNDEN QUELLZEIT

Himbeer-Chia-Pudding

Chia-Samen sind eine unglaublich tolle Protein-Quelle. Ein Glas Chia-Pudding im Kühlschrank zu haben, ist nie verkehrt. Ob als Snack am Nachmittag oder schnelles Frühstück - beides funktioniert. Und weil die Chia-Samen an sich nicht viel Eigengeschmack haben, pimpen wir unseren Pudding mit fruchtigen Himbeeren und aromatischem Kokos.

ZUBEREITUNG

1. Chia, Kokosraspel und Kokosmilch miteinander verrühren.
2. Die Himbeeren mit einer Gabel quetschen und mit dem Vanille-Extrakt zu der Chia-Mischung geben.
3. 5 Minuten stehen lassen, nochmals gut umrühren, in ein Glas füllen und mindestens 2 Stunden quellen lassen, idealerweise über Nacht.
4. Vor dem Essen nochmals umrühren und nach Belieben mit frischen Himbeeren servieren.

ZUTATEN
FÜR 1 PORTION

2 EL Chiasamen
2 EL Kokosraspel
200 ml Kokosmilch
120 g Himbeeren (TK)
Vanille-Extrakt

TOPPINGS

frische Himbeeren (optional)

ZUBEREITUNGSZEIT:
JEWEILS 5 MINUTEN
+ 2 STUNDEN QUELLZEIT

Overnight Oats

Overnight Oats sind quasi die Sommerversion des Porridges, allerdings essen wir sie das ganze Jahr über. Sie können supereinfach am Abend vorbereitet werden, und am nächsten Morgen nimmt man einfach sein Glas Oats aus dem Kühlschrank und ist bereit für den Tag. Gerade für unterwegs und auf Reisen macht sich dieses Frühstück hervorragend, weil man es so prima mitnehmen kann.

Blaubeer-Oats

ZUBEREITUNG

1. Alle Zutaten miteinander verrühren und in einem luftdichten Gefäß für mindestens 2 Stunden oder über Nacht kalt stellen.
2. Vor dem Servieren einmal durchrühren und nach Belieben mit frischen Blaubeeren und Kakaonibs garnieren.

ZUTATEN
FÜR 2 PORTIONEN

100 g Haferflocken (Feinblatt)
200 ml Milch oder Pflanzenmilch
1 EL Joghurt
100 g Blaubeeren (TK)
1 EL Ahornsirup

TOPPINGS

frische Blaubeeren
Kakaonibs

Erdbeer-Pistazien-Oats

ZUTATEN
FÜR 2 PORTIONEN

200 g Erdbeeren
100 g Haferflocken (Feinblatt)
200 ml Milch oder Pflanzenmilch
1 EL Joghurt
1 EL Ahornsirup
2 EL gehackte Pistazien

ZUBEREITUNG

1. Die Erdbeeren waschen, putzen und in Würfel schneiden.
2. Drei Viertel der Erdbeeren mit den restlichen Zutaten verrühren und in einem luftdichten Gefäß für mindestens 2 Stunden oder über Nacht kalt stellen.
3. Vor dem Servieren einmal durchrühren und mit den restlichen Erdbeeren garnieren.

Apfel-Rosinen-Oats

ZUTATEN
FÜR 2 PORTIONEN

1 Apfel
100 g Haferflocken (Feinblatt)
200 ml Milch oder Pflanzenmilch
1 EL Joghurt
1 EL Ahornsirup
2 EL Rosinen
1 Prise Zimt

ZUBEREITUNG

1. Den Apfel waschen und entkernen. Drei Viertel des Apfels grob mit einer Reibe reiben. Ein Viertel für die Garnitur in dünne Scheiben schneiden.
2. Den geriebenen Apfel mit den restlichen Zutaten verrühren und in einem luftdichten Gefäß für mindestens 2 Stunden oder über Nacht kalt stellen.
3. Vor dem Servieren einmal durchrühren und mit den Apfelscheiben garnieren.

ZUBEREITUNGSZEIT:
10 MINUTEN
+ 30 MINUTEN BACKZEIT

Schoko-Granola

Wir haben immer einen Vorrat an Granola zu Hause. Sobald es sich dem Ende zuneigt, bereite ich schnell eine neue Portion vor. Wir lieben es mit Milch, Joghurt oder auch als Topping zu Smoothie-Bowls. Das Schöne an Granola ist: Man kann es nach Herzenslust seinen eigenen Vorlieben anpassen. So könnt ihr z. B. die Mandeln und Sonnenblumenkerne ganz einfach durch eure Lieblingsnüsse und -samen ersetzen oder mit Trockenfrüchten ergänzen.

ZUBEREITUNG

1. Den Backofen auf 160 °C Umluft vorheizen.
2. Die Mandeln hacken. Haferflocken, gehackte Mandeln, Sonnenblumenkerne, Kokosraspel und Kakao miteinander vermengen.
3. Das Kokosöl und den Ahornsirup in einen Kochtopf geben und leicht erwärmen. Beides über die Haferflockenmischung geben und gut vermengen.
4. Ein Backblech mit Backpapier auslegen und das Granola darauf verteilen. Für insgesamt 30 Minuten backen, dabei nach 15 Minuten einmal umrühren.
5. Das Granola komplett auskühlen lassen und in einem luftdichten Behälter aufbewahren.

ZUTATEN

FÜR ETWA 600 G GRANOLA

200 g Mandeln
250 g Haferflocken
50 g Sonnenblumenkerne
100 g Kokosraspel
30 g Rohkakao
3 EL Kokosöl
4 EL Ahornsirup

ZUBEREITUNGSZEIT:
3 MINUTEN

Acai-Bowl

Die brasilianische Acai-Beere gehört wohl zu den gesündesten Beeren überhaupt. Voll gepackt mit Antioxidantien hilft sie, giftige Stoffe aus dem Körper zu spülen. Kombiniert mit Blaubeeren (die eine ähnliche Wirkung haben) und Banane gehört diese Bowl wohl zu den gesündesten Frühstücken überhaupt.

ZUBEREITUNG

1. Alle Zutaten in einen leistungsstarken Mixer geben und mixen, bis eine cremige Masse entstanden ist.
2. Nach Belieben mit Toppings servieren.

ZUTATEN
FÜR 1 GROßE PORTION

100 g Acai-Püree (TK)
1 Banane (gefroren)
100 g Blaubeeren (TK)
100 ml Pflanzenmilch

TOPPING

Schoko-Granola (Rezept Seite 33)
Kokosjoghurt
frische Blaubeeren

ZUBEREITUNGSZEIT:
8 MINUTEN

Beerenkompott & Joghurt

Beerenkompott kann man ganz einfach aus gefrorenen oder frischen Beeren zubereiten. Es geht superschnell und schmeckt warm wie auch kalt. Ich liebe lauwarmes Beerenkompott über griechischem Joghurt mit etwas Honig und Nüssen. Es ist ein tolles Frühstück, aber auch ein gesunder Snack am Nachmittag.

ZUTATEN
FÜR 2 PORTIONEN

200 g gemischte Beeren
2 EL Honig
1 EL Chiasamen
400 g Naturjoghurt
gemahlene Vanille nach Geschmack

TOPPING

Kakaonibs

ZUBEREITUNG

1. Zunächst das Beerenkompott zubereiten. Das kann man auch gut auf Vorrat machen und immer nach Bedarf nutzen. Dazu die gemischten Beeren in einen Topf geben, mit 1 EL Honig, 2 EL Wasser und den Chiasamen 4–5 Minuten leicht köcheln lassen. Anschließend abkühlen lassen.
2. Den Joghurt mit 1 EL Honig und Vanille nach Geschmack anrühren.
3. Das Beerenkompott zusammen mit dem Joghurt servieren und nach Belieben mit Kakaonibs garnieren.

ZUBEREITUNGSZEIT:
3 MINUTEN

Grüne Smoothie-Bowl

Diese Bowl versorgt unsere Körper bereits am Morgen mit allem, was wir für den Tag brauchen. Sie hat eine herrlich grüne Farbe und sorgt damit zusätzlich für gute Laune am Tisch. Und das Beste? So eine Bowl ist im Handumdrehen zubereitet. Alle Zutaten in den Mixer geben und ca. 30 Sekunden später ist die Bowl schon fertig. Lieblingstoppings obendrauf und loslöffeln.

ZUBEREITUNG

1. Alle Zutaten mit 150 ml Wasser in einen Mixer geben und so lange mixen, bis eine homogene Masse entstanden ist. Aber nicht zu lang, damit die Masse nicht zu flüssig wird.
2. In eine Schale geben und mit Toppings nach Wahl servieren.

ZUTATEN

FÜR 1 GROßE PORTION

100 g Babyspinat
150 g Mango (gefroren)
1 Banane (gefroren)
1 EL Hanfsamen
1 TL Gerstengras (optional)

TOPPINGS NACH WAHL

z.B. Schoko-Granola, Nüsse, frische Beeren, Kokoschips, Kakaonibs etc.

ZUBEREITUNGSZEIT:
10 MINUTEN

Obstsalat
mit Kokos-Limetten-Dressing

Dieser Obstsalat ist mein Himmel auf Erden und ich könnte ihn täglich essen! Das Dressing aus cremiger Kokosmilch, Limettensaft und gerösteten Kokosflocken ist so gut, dass ich es auch pur löffeln könnte. Ich liebe das Dressing in Verbindung mit Mango, Kiwi & Papaya. Aber im Sommer kann man auch hervorragend heimische Beeren verwenden – Blaubeeren, Erdbeeren, Himbeeren und vielleicht sogar Stachelbeeren. Perfekt für einen gesunden Start in den Tag und auch passend zum Sonntagsbrunch.

ZUBEREITUNG

1. Das Obst waschen, putzen und nach Belieben klein schneiden.
2. Die Kokosraspel in einer Pfanne ohne Fett behutsam und unter ständigen Rühren rösten. Vorsicht: Sie brennen sehr leicht an. Die goldbraunen Kokosraspel in eine Schale geben und beiseitestellen.
3. Die Kokosmilch mit dem Limettensaft verrühren. Die Hälfte der Kokosraspel dazugeben.
4. Das Obst auf einem Teller anrichten. Das Dressing darübergeben und mit Limetten-Zesten und den übrig gebliebenen Kokosflocken garnieren.

ZUTATEN
FÜR 4 PORTIONEN

frisches Obst nach Wahl
30 g Kokosraspel
180 ml Kokosmilch
1 EL Limettensaft
Zesten von 1 Bio-Limette

Brunch am Wochenende

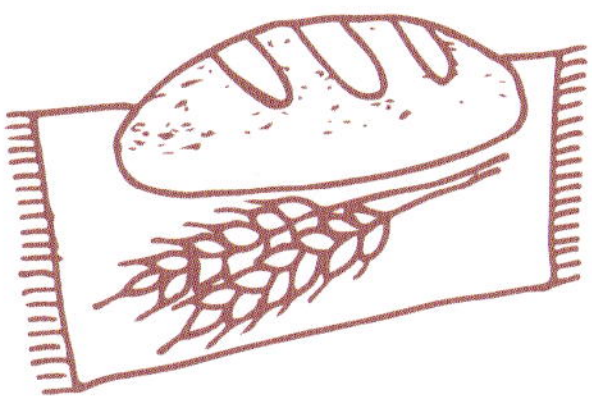

Wenn die Woche geschafft ist, dann darf man am Wochenende auch mal einen Gang runterschalten und einfach nur genießen, dass man nicht sofort aus der Tür muss. Also die perfekte Zeit für ein ausgiebiges Frühstück! Für die Backfreudigen gibt es verschiedene Brotrezepte samt Aufstrichen, außerdem herrliche Eierspeisen und warme Highlights wie Pfannkuchen aus dem Ofen. Der Duft von frischem Gebäck gibt mir immer automatisch ein wohliges Gefühl von Zuhause. Wir lieben es, am Wochenende etwas Selbstgebackenes zu frühstücken, und genießen den warmen Duft und die gemütliche Stimmung. Beim Abwiegen und Teigkneten helfen die Kinder immer gern mit. **Happy Weekend!**

ZUBEREITUNGSZEIT:
10 MINUTEN
+ 40 MINUTEN RUHEZEIT
+ 20–25 MINUTEN
BACKZEIT

Hefezopf

Als Kind bin ich am Samstagnachmittag häufig zu meiner Schulfreundin gegangen, um mit ihrer Mama einen Hefeteig für Hefezopf anzusetzen. Ein frischer Hefezopf am Sonntagmorgen war bei ihnen Ritual und so wurde es auch zu meinem. Bis heute versetzt mich der Duft von Hefezopf in meine Kindheit zurück und ich finde kaum etwas köstlicher als einen frischen, warmen Hefezopf direkt aus dem Ofen.

ZUBEREITUNG

1. Die Hefe in der warmen Milch auflösen.
2. Die Hefemilch mit der Butter, 2 Eigelben, dem Zucker und dem Salz in einer großen Schüssel verrühren. Das Mehl hinzugeben und alles zu einem Teig verkneten.
3. Den Teig an einem warmen Ort ruhen lassen – mindestens 40 Minuten oder bis sich das Volumen des Teiges verdoppelt hat.
4. Anschließend den Teig nochmals behutsam kneten und in drei gleich große Stücke aufteilen. Die Teigstücke zu Rollen formen und damit einen Zopf flechten.
5. Den Backofen auf 180 °C Umluft vorheizen.
6. Den Zopf mit dem verbliebenen Eigelb bestreichen und im Backofen für 20–25 Minuten goldbraun backen.

ZUTATEN

FÜR 1 HEFEZOPF

21 g Hefe (½ Würfel)
250 ml warme Milch
75 g geschmolzene Butter
2 Eigelb + 1 Eigelb zum Bestreichen
70 g Zucker
500 g Mehl

BASIS-ZUTATEN

1 Prise Salz

ZUBEREITUNGSZEIT:
10 MINUTEN
+ 15 MINUTEN BACKZEIT

Scones

Die kleinen englischen Brötchen sind schnell und einfach zubereitet. Ich liebe die blättrige Konsistenz, die durch die kalte Butter im Teig entsteht. Besonders toll schmecken sie klassisch mit Clotted Cream. Und dazu am besten noch unser Pflaumen-Rosmarin-Mus!

ZUTATEN
FÜR 8 SCONES
300 g Mehl
2 EL Zucker
2 TL Backpulver
70 g kalte Butter
150 ml kalte Milch

TOPPINGS
Clotted Cream, alternativ Frischkäse
Pflaumen-Rosmarin-Mus
(Rezept Seite 71)

BASIS-ZUTATEN
1 Prise Salz

ZUBEREITUNG

1. Alle Zutaten in eine Schüssel geben und zügig zu einem glatten Teig verkneten.
2. Den Backofen auf 200 °C Umluft vorheizen.
3. Den Teig etwa 2 cm dick auf einer bemehlten Arbeitsfläche zu einem Kreis ausrollen und in acht gleich große Tortenstücke schneiden.
4. Mit ausreichend Abstand zueinander auf ein Backblech legen und für etwa 15 Minuten backen. Am besten noch warm servieren.

ZUBEREITUNGSZEIT:
10 MINUTEN
+ 3 STUNDEN QUELLZEIT
+ 25 MINUTEN BACKZEIT

Superfood-Brot

Für alle, die ab und zu mal eine Pause von den klassischen Mehl-Backwaren brauchen, ist dieses Brot genau das Richtige. Es ist sehr bekömmlich und zusätzlich sehr leicht zubereitet. Ich schneide das Brot nach dem Auskühlen gerne in Scheiben und friere diese ein. Wenn ich Lust auf ein Superfood-Brot habe, wandert eine Scheibe vom Tiefkühlfach direkt in den Toaster. Es schmeckt fantastisch!

ZUBEREITUNG

1. Alle Zutaten vermengen und mit 340 ml Wasser vermischen.
2. Eine Kastenform mit Backpapier auslegen und die Körnermischung hineingeben. Mit einem Löffel oder Silikonspatel festdrücken und für mindestens 3 Stunden oder über Nacht ziehen lassen.
3. Den Backofen auf 180 °C Umluft vorheizen und das Brot für etwa 25 Minuten backen.
4. Auf einem Rost auskühlen lassen und genießen.

ZUTATEN

FÜR 1 SUPERFOOD-BROT

70 g geschrotete Leinsamen
150 g Sonnenblumenkerne
45 g Chiasamen
25 g gemahlene Flohsamenschalen
80 g Mandeln
150 g Haferflocken (Feinblatt)
50 g geschmolzenes Kokosöl

BASIS-ZUTATEN

1 große Prise Salz

ZUBEREITUNGSZEIT:
20 MINUTEN
+ 1 STUNDE RUHEZEIT

Flatbread

Kleine fluffig Brote aus der Pfanne, die sehr vielseitig eingesetzt werden können. Sie passen hervorragend zu fast jeder Suppe, zu Dal, aber auch zum Frühstück und ganz besonders zu Shakshuka und Menemen. Aber auch zum Dippen in unsere Brotaufstriche eignen sie sich super.

ZUBEREITUNG

1. Die Hefe in die warme Milch einrühren. Das Mehl mit dem Backpulver vermischen. Die Hefemilch und den Joghurt dazugeben und mit dem Knethaken einer Küchenmaschine oder eines Handrührgerätes zu einem glatten Teig kneten.
2. Die Schüssel mit einem Handtuch abdecken und den Teig für etwa eine Stunde an einem warmen Ort ruhen lassen, bis sich sein Volumen in etwa verdoppelt hat.
3. Auf einer bemehlten Arbeitsfläche den Teig nochmals behutsam mit den Händen kneten. Den Teig in etwa acht gleich große Stücke aufteilen und diese jeweils auf einer bemehlten Fläche 0,5 cm dick ausrollen.
4. Eine Pfanne erhitzen und die Flatbreads nacheinander hineinlegen. Von beiden Seiten jeweils etwa 3–4 Minuten braten. Wenn ihr einen Deckel für eure Pfanne habt, den Deckel auflegen.
5. Nach Belieben mit Kräuteröl bestreichen und warm servieren.

ZUTATEN
FÜR 8 FLATBREADS
½ TL Trockenhefe
100 ml warme Milch
300 g Mehl
1 TL Backpulver
120 g griechischer Joghurt
Kräuteröl nach Belieben (siehe Tipp)

BASIS-ZUTATEN
1 Prise Salz

TIPP:
Kräuteröl lässt sich auch ganz einfach selbst herstellen. Dazu 2 EL Gartenkräuter (TK oder frisch), 4 EL Olivenöl und Meersalz vermischen.

ZUBEREITUNGSZEIT:
15 MINUTEN
+ 20–30 MINUTEN RUHEZEIT
+ 20–25 MINUTEN BACKZEIT

Dinkelbrötchen

Der Duft von selbst gebackenen Brötchen, frisch gebrühtem Kaffee und heißem Kakao – ich kann mir kaum einen schöneren Start in den Tag vorstellen. Die Brötchen sind schnell und einfach zubereitet und benötigen keine lange Vorbereitungszeit. Nach maximal 45 Minuten stehen knusprige und herrlich duftende Brötchen auf dem Tisch.

ZUBEREITUNG

1. 300 ml warmes Wasser mit der Trockenhefe und dem Zucker verrühren. Für etwa 5 Minuten stehen lassen.
2. Nun die restlichen Zutaten zugeben und für ca. 3 Minuten mit einem Knethaken zu einem homogenen Teig verkneten.
3. Den Teig in acht gleich große Stücke teilen und auf einer großzügig bemehlten Fläche zu Brötchen formen. Auf ein mit Backpapier belegtes Backblech legen und 20–30 Minuten ruhen lassen.
4. In der Zwischenzeit den Backofen auf 210 °C Umluft vorheizen.
5. Die Brötchen in 20–25 Minuten goldbraun backen.

ZUTATEN

FÜR 8 DINKELBRÖTCHEN

1 Pck. Trockenhefe
1 TL Zucker
500 g Dinkelmehl

BASIS-ZUTATEN

1 TL Salz
2 EL Olivenöl

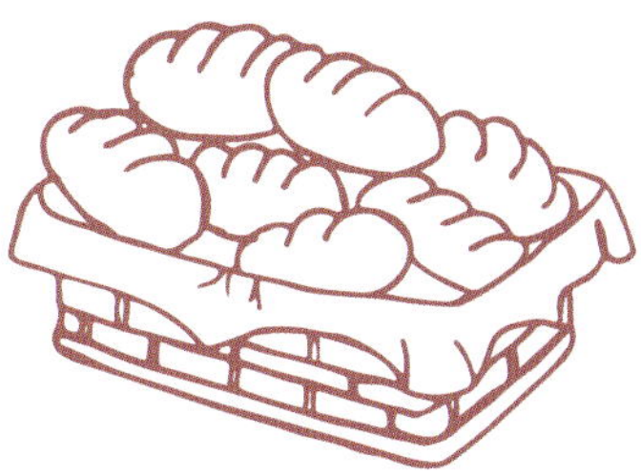

ZUBEREITUNGSZEIT:
20 MINUTEN

Grünes Shakshuka

Grünes Shakshuka ist eine gesündere Variante des klassischen Shakshuka-Rezepts. Es ist ein einfaches Pfannengericht mit Spinat, Erbsen und pochierten Eiern. Egal, ob ihr es zum Frühstück oder Abendessen esst, es ist eine herzhafte, nährstoffreiche Mahlzeit, die zu jeder Jahreszeit geht und immer lecker schmeckt.

ZUBEREITUNG

1. Die Frühlingszwiebeln in feine Ringe schneiden. Dabei den grünen und den weißen Teil trennen.
2. Die Knoblauchzehen schälen und sehr fein hacken.
3. Eine Pfanne mit dem Olivenöl erhitzen und die weißen Teile der Frühlingszwiebel 1–2 Minuten anschwitzen. Den gehackten Knoblauch ebenfalls hinzugeben und 1 weitere Minute braten.
4. Nun den Kreuzkümmel sowie etwas Salz und Pfeffer in die Pfanne geben. Jetzt den gewaschenen Spinat nach und nach dazugeben. Wenn der Spinat zusammengefallen ist, die Erbsen dazugeben.
5. Mit einem Löffel vier Mulden formen und behutsam jeweils ein Ei in eine Mulde geben. Bei mittlerer Hitze leicht köcheln lassen, bis die Eier den gewünschten Garpunkt erreicht haben. Vor dem Servieren nach Belieben nachwürzen.

ZUTATEN
FÜR 2–4 PORTIONEN

1 Bund Frühlingszwiebeln
2 Knoblauchzehen
1 TL gemahlener Kreuzkümmel
300 g Spinat
150 g Erbsen
4 Eier

BASIS-ZUTATEN

3–4 EL Olivenöl
Salz & Pfeffer

LE CREUSET

ZUBEREITUNGSZEIT:
10 MINUTEN

Omelett
mit Spinat & Shiitake

Die meisten Kinder lieben Omelett. Diese Version mit Spinat und Shiitake-Pilzen zaubert eine Extraportion Nährstoffe dazu. Der Ricotta sorgt für milde Cremigkeit.

ZUBEREITUNG

1. Die Eier verquirlen. Den Spinat waschen und gut abtrocknen; den Spinat und die Pilze putzen.
2. Eine Pfanne erhitzen und etwas Butter oder Öl hineingeben.
3. Nun die Pilze hineingeben und kurz anbraten.
4. Zunächst den Spinat dazugeben und etwas zusammenfallen lassen, bevor die Eier gleichmäßig über alles gegossen werden.
5. Für etwa 2 Minuten stocken lassen und anschließend mit einem Pfannenwender behutsam das Omelett wenden und 1 weitere Minute braten.
6. Das fertige Omelett aus der Pfannen nehmen, nach Belieben mit Salz und Pfeffer würzen und mit dem Ricotta servieren.

ZUTATEN
FÜR 1 PORTION

2 Eier
1 Handvoll Blattspinat
250 g Shiitake
Butter oder Öl zum Anbraten
2 EL Ricotta

BASIS-ZUTATEN

Salz & Pfeffer

ZUBEREITUNGSZEIT:
15 MINUTEN
+ 20 MINUTEN BACKZEIT

Fritatta mit Mangold & Ziegenkäse

Eine Frittata gehört für mich zu jedem Brunch. Eine große Pfanne mit nährstoffreichem Mangold, verquirlten Eiern und Ziegenfrischkäse macht locker eine ganze Großfamilie glücklich. Ein frisches Brot, ein paar tolle Aufstriche und fertig ist das Sonntagsfrühstück.

ZUTATEN
FÜR 4 PORTIONEN

1 Zwiebel
1 Knoblauchzehe
1 Bund Mangold
6 Eier
1 Rolle Ziegenkäse

BASIS-ZUTATEN

Olivenöl zum Anbraten
Salz & Pfeffer

ZUBEREITUNG

1. Die Zwiebel und die Knoblauchzehe schälen. Die Zwiebel in feine Würfel schneiden, den Knoblauch pressen oder alternativ sehr fein hacken.
2. Den Mangold waschen und in Streifen schneiden.
3. Eine ofenfeste Pfanne mit etwas Olivenöl erhitzen. Den Backofen auf 160 °C Umluft vorheizen.
4. Die Zwiebelwürfel kurz anschwitzen, anschließend den Mangold und den Knoblauch dazugeben. Für etwa 2–3 Minuten anbraten.
5. Die Eier in einer Schale aufschlagen und mit Salz und Pfeffer würzen. Die Eier über den Mangold geben. Den Ziegenkäse in fingerdicke Scheiben schneiden und gleichmäßig in der Pfanne verteilen.
6. Die Pfanne für etwa 20 Minuten in den Backofen stellen, bis das Ei gestockt ist.

ZUBEREITUNGSZEIT:
10 MINUTEN

Menemen

Menemen kommt aus der türkischen Küche. Ich habe diese Eierspeise mit Tomaten, Paprika und Feta auf einer Reise quer durch die Türkei kennengelernt. Gerade kulinarisch war die Reise für mich ein Traum. Die türkische Küche hat überraschend viele vegetarische Gerichte. Menemen zum Frühstück war mein absoluter Favorit und so habe ich das Gericht auch zurück in Deutschland immer wieder nachgemacht.

ZUBEREITUNG

1. Die Eier in einer Schüssel verquirlen.
2. Die Tomaten in feine Würfel schneiden. Die Paprika entkernen und ebenfalls in feine Würfel schneiden. Die Zwiebel schälen und in feine Würfel schneiden.
3. Eine Pfanne erhitzen und etwas Olivenöl hineingeben. Die Zwiebelwürfel kurz anschwitzen. Anschließend die Paprika dazugeben. Nach etwa 3 Minuten die Tomaten zugeben und alles für weitere 2 Minuten braten.
4. Nun die verquirlten Eier dazugeben und kurz stocken lassen.
5. Den Feta grob mit den Händen zerkleinern und zu den Eiern geben. 3 Minuten weiterbraten, mit Salz und Pfeffer würzen und mit Petersilie garnieren.

ZUTATEN
FÜR 4 PORTIONEN

6 Eier
3 Tomaten
1 grüne Paprika
1 rote Paprika
1 kleine rote Zwiebel
200 g Feta
2 EL gehackte Petersilie

BASIS-ZUTATEN

2 EL Olivenöl
Salz & Pfeffer

ZUBEREITUNGSZEIT: 15 MINUTEN

Superfluffige Pancakes

Wir alle kennen und lieben Pancakes. Es gibt unzählige Rezepte für die kleinen Pfannkuchen. Aber mich hat noch nie eins so richtig umgehauen – bis ich dieses hier entwickelt habe. Diese Pancakes sind herrlich fluffig und leicht. Ich liebe das Rezept sehr und wollte es euch nicht vorenthalten. Genießt die Pancakes pur oder mit Ahornsirup und Früchten.

ZUBEREITUNG

1. Die Eier trennen und das Eiweiß mit 1 EL Zucker steif schlagen.
2. Das Eigelb mit dem Mehl, der Milch, dem Backpulver, dem Salz und dem restlichen Zucker zu einem homogenen Teig verrühren.
3. Das steife Eiweiß behutsam unter den Teig heben.
4. Eine Pfanne erhitzen, etwas Butter hineingeben und je Pancake etwa eine Saucenkelle Teig in die Pfanne geben. Von beiden Seiten etwa 2–3 Minuten bei mittlerer Hitze backen. Den Vorgang wiederholen, bis der Teig aufgebraucht ist.
5. Nach Belieben pur oder mit Puderzucker, Ahornsirup und Früchten servieren.

ZUTATEN

FÜR CA. 15 STÜCK

4 Eier
2 EL Zucker
300 g Mehl
300 ml Milch
1 TL Backpulver
Butter zum Anbraten

TOPPINGS NACH WAHL

z. B. Ahornsirup, frische Früchte, Puderzucker etc.

BASIS-ZUTATEN

1 Prise Salz

ZUBEREITUNGSZEIT:
10 MINUTEN
+ 15 MINUTEN BACKZEIT

Dutch Baby – Ofen-Pfannkuchen

Pancakes, Eierkuchen, Pfannkuchen, Crêpes – sie alle stammen aus einer Familie und schmecken einfach nur lecker. Unser Ofen-Pfannkuchen, auch Dutch Baby genannt, unterscheidet sich in einem Punkt von all den anderen Teigfladen: Er kommt aus dem Ofen! Der Teig wird durch das Backen fluffig und geht gerade am Rand toll auf. Hinzu kommt, dass der Ofenpfannkuchen sich quasi von allein zubereitet. Win-Win!

ZUTATEN

FÜR 2 PORTIONEN

3 Eier
1 Pck. Vanillezucker
150 ml Milch
100 g Mehl
1 EL Butter

TOPPINGS

Puderzucker
frische Beeren

ZUBEREITUNG

1. Die Eier in eine Schüssel geben und zusammen mit dem Vanillezucker cremig aufschlagen.
2. Die Milch dazugeben und nach und nach das Mehl unterrühren.
3. Den Backofen auf 220 °C Ober-/Unterhitze vorheizen. Eine Auflaufform oder ofenfeste Pfanne (ca. 20 cm Durchmesser) in den Ofen stellen.
4. Die Butter in die heiße Form geben und darin schmelzen lassen. Nun den Teig hineingeben und die Auflaufform oder Pfanne für etwa 15 Minuten zurück in den Ofen schieben.
5. Den fertiges Ofen-Pfannkuchen mit Puderzucker und frischen Beeren servieren.

ZUBEREITUNGSZEIT: JEWEILS 5 MINUTEN

Brotaufstriche

Frische Brotaufstriche gehen immer und zu jeder Gelegenheit. Als Mitbringsel eignen sie sich ebenso gut wie auf dem Frühstückstisch oder am Abend zu Snacks als Dip.

Tomaten-Feta-Creme

ZUTATEN
FÜR 1 GLAS MIT CA. 200 ML

100 g getrocknete Tomaten
10 Blätter Basilikum
1 Knoblauchzehe
200 g Feta
150 g Frischkäse

BASIS-ZUTATEN

Salz & Pfeffer

ZUBEREITUNG

1. Alle Zutaten kurz zusammen in einen Mixer oder Food-Processor geben.
2. Luftdicht verschlossen im Kühlschrank aufbewahren. Die Creme hält sich 3–4 Tage.

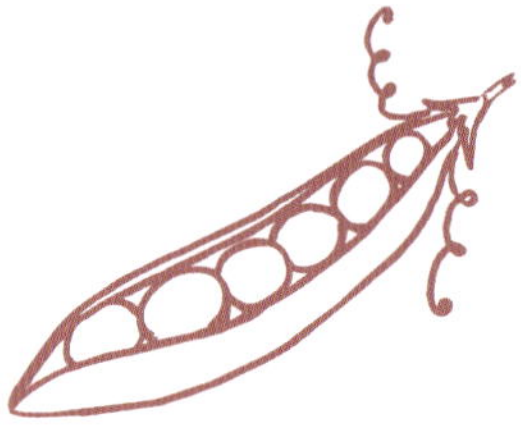

Erbsen-Minze-Creme

ZUTATEN
FÜR 1 GLAS MIT CA. 200 ML

100 g Erbsen
5 Blätter Minze
150 g Frischkäse
1 Spritzer Zitrone

BASIS-ZUTATEN

Salz & Pfeffer

ZUBEREITUNG

1. Alle Zutaten kurz zusammen in einen Mixer oder Food-Processor geben.
2. Luftdicht verschlossen im Kühlschrank aufbewahren. Der Aufstrich hält sich 3–4 Tage.

Dattel-Curry-Creme

ZUTATEN
FÜR 1 GLAS MIT CA. 200 ML

100 g Datteln
30 g Mandeln
200 g Schmand
150 g Frischkäse
2 TL Curry

BASIS-ZUTATEN

Salz & Pfeffer

ZUBEREITUNG

1. Die Datteln entsteinen, zusammen mit den Mandeln in einen Mixer oder Food-Processor geben und grob zerkleinern.
2. Nun die restlichen Zutaten dazugeben und alles zu einer groben Creme vermengen.
3. Luftdicht verschlossen im Kühlschrank aufbewahren. Der Aufstrich hält sich 3–4 Tage.

ZUBEREITUNGSZEIT:
20 MINUTEN

Pflaumen-Rosmarin-Mus

Fruchtige Pflaumen mit einer sehr feinen Rosmarin-Note machen diesen Aufstrich zu etwas ganz Besonderen. Wir kochen hier keine klassische Marmelade mit Gelierzucker, sondern arbeiten nur mit dem Zucker der Früchte und einem Löffel Honig. Das ist zum einen wesentlich gesünder und schmeckt zum anderen noch richtig lecker. In einem luftdichten Gefäß aufbewahrt, hält sich das Mus etwa 7 Tage im Kühlschrank.

ZUBEREITUNG

1. Die Pflaumen waschen, entsteinen und in Spalten schneiden.
2. Die Pflaumen zusammen mit dem Honig und dem Rosmarin in einen Kochtopf geben und für etwa 15 Minuten und mit geschlossenem Deckel bei geringer Hitze köcheln lassen.
3. Den Rosmarinzweig entnehmen und die Pflaumen pürieren. Abkühlen lassen.
4. Luftdicht verschlossen im Kühlschrank aufbewahren.

ZUTATEN

FÜR 1 GROßES MARMELADENGLAS

600 g Pflaumen
1 EL Honig
1 Rosmarinzweig

ZUBEREITUNGSZEIT:
1 STUNDE
20 MINUTEN

Tomaten-Safran-Confit

Dieses Rezept besteht quasi nur aus aromatischen Tomaten, einem guten Olivenöl, Safran, Meersalz, Pfeffer und etwas Zeit. Es ist so einfach zubereitet und so vielseitig einsetzbar. Ich liebe es auf Sauerteigbrot. Aber auch zu Pasta, Quinoa oder Risotto passt es hervorragend.

ZUTATEN

FÜR 1 MARMELADENGLAS

500 g Kirschtomaten
1 Prise Safran

BASIS-ZUTATEN

80 ml Olivenöl
Meersalz & Pfeffer

ZUBEREITUNG

1. Die Tomaten waschen und halbieren.
2. Eine Pfanne erhitzen, das Olivenöl hineingeben und die Tomaten darin bei mittlerer Hitze braten. Safran, Meersalz & Pfeffer dazugeben.
3. Die Hitze reduzieren und die Tomaten für 40–50 Minuten einkochen lassen. Alle 10 Minuten umrühren.
4. Den Herd ausschalten und die Tomaten für weitere 20 Minuten ziehen lassen. Anschließend servieren.

Schnelle Haupt-gerichte

Ich habe es schon erwähnt: Gemeinsam als Familie zu essen ist für mich das Schönste. Und nichts geht über selbst gekochte Mahlzeiten aus frischen und echten Zutaten. Damit das auch im Alltag immer möglich ist, müssen die Rezepte bei uns zu Hause schnell und einfach zuzubereiten sein. Ich möchte unter der Woche keinen großen Aufwand in der Küche betreiben, aber trotzdem Mahlzeiten auf dem Tisch stehen haben, die allen Spaß machen, **nahrhaft sind und einfach lecker schmecken**.

ZUBEREITUNGSZEIT FÜR DIE FERTIGEN FLAMMKUCHEN:
25 MINUTEN
+ 1 STUNDE RUHEZEIT
+ 25 MINUTEN BACKZEIT

Flammkuchen

Flammkuchen kommen bei uns zu Hause ständig auf den Tisch. Zum einen sind sie schnell gemacht. Und zum anderen kann jeder sich seinen Flammkuchen gestalten, wie er möchte. So haben alle immer genau das auf dem Teller, was ihnen schmeckt. Außerdem sind sie prima für einen Abend mit Gästen. Verschiedene Flammkuchen-Variationen mit ein, zwei Salaten dazu machen immer alle glücklich.

Flammkuchen-Basisteig

ZUTATEN
FÜR 2 FLAMMKUCHEN

300 g Mehl
150 ml Wasser
2 EL Olivenöl
1 Prise Salz

ZUBEREITUNG

1. Alle Zutaten in eine Schüssel geben und für 3–4 Minuten kneten.
2. Den Teig zu einer Kugel formen, in Folie oder ein Bienenwachstuch wickeln und für mindestens 1 Stunde ruhen lassen.
3. Den Teig halbieren und zwei dünne Flammkuchen ausrollen oder die Portion im Ganzen lassen und ein Backblech damit füllen.
4. Den Backofen auf 180 °C Umluft vorheizen.
5. Den ausgerollten Teig nach Belieben belegen und für ca. 25 Minuten im Backofen backen.

Flammkuchen mit Kürbis & Walnuss

ZUTATEN FÜR 1 FLAMMKUCHEN

50 g Kürbis
½ Portion Flammkuchen-Basisteig (Rezept Seite 77)
70 g Crème fraîche
30 g Feta
1 Handvoll Walnüsse
1 EL Ahornsirup
Rosmarinzweige zum Garnieren (optional)

BASIS-ZUTATEN

2 EL Olivenöl
Salz & Pfeffer

ZUBEREITUNG

1. Den Kürbis mit Hilfe einer Mandoline hobeln oder mit einem Messer in sehr feine Scheiben schneiden.
2. Den Flammkuchenteig wie auf Seite 77 beschrieben ausrollen, mit Crème fraîche bestreichen und mit Kürbisstreifen, Feta und Walnüssen belegen.
3. Mit etwas Olivenöl und Ahornsirup beträufeln und wie auf Seite 77 beschrieben backen.
4. Mit Rosmarin garnieren (optional), mit Salz und Pfeffer würzen und servieren.

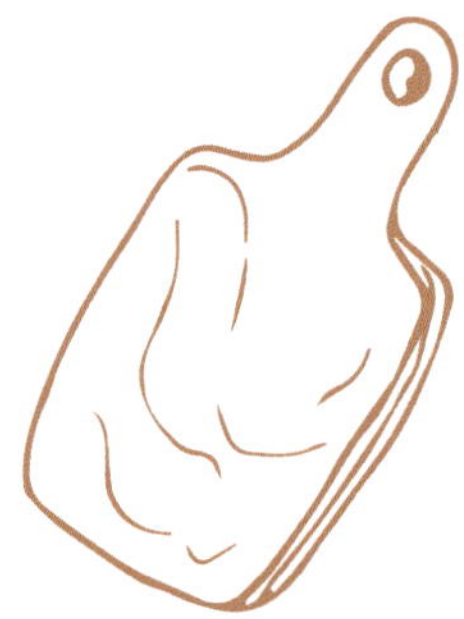

Flammkuchen mit Ziegenkäse & Birne

ZUTATEN FÜR 1 FLAMMKUCHEN

½ Birne
200 g Ziegenkäse
½ Portion Flammkuchen-Basisteig (Rezept Seite 77)
70 g Crème fraîche
1 Handvoll Pekannüsse
1 EL Ahornsirup
Thymian zum Garnieren (optional)

BASIS-ZUTATEN

2 EL Olivenöl
Salz & Pfeffer

ZUBEREITUNG

1. Die Birne waschen und in feine Scheiben schneiden. Den Ziegenkäse in fingerdicke Scheiben schneiden.
2. Den Flammkuchenteig wie auf Seite 77 beschrieben ausrollen, mit Crème fraîche bestreichen und mit der Birne, dem Ziegenkäse und den Pekannüssen belegen.
3. Mit etwas Olivenöl und Ahornsirup beträufeln und im vorgeheizten Backofen wie auf Seite 77 beschrieben backen.
4. Mit Thymian garnieren (optional), mit Salz und Pfeffer würzen und servieren.

ZUBEREITUNGSZEIT:
30 MINUTEN

Süßkartoffel-Orangen-Suppe

Gerade in den kälteren Jahreszeiten dürfen wärmende Suppen nicht fehlen. Ich koche regelmäßig Suppen. Zum einen, weil wir sie einfach lieben. Zum anderen, weil sie sich perfekt auch 2–3 Tage essen lassen und somit Zeit und Arbeit sparen. So hat man easy-peasy immer ein gesundes Mittagessen parat.
Diese Suppe lieben Groß und Klein gleichermaßen. Süßkartoffeln, Karotten und Orange sorgen für eine leicht Süße. Zusammen mit einem Hauch Ingwer und einer Prise Curry ergibt sich ein tolles Geschmackserlebnis.

ZUBEREITUNG

1. Die Süßkartoffeln, die Karotten und den Ingwer schälen und in grobe Stücke schneiden. Die Orange auspressen.
2. Das Gemüse zusammen mit der Gemüsebrühe in einen großen Kochtopf geben und erhitzen.
3. Für etwa 20 Minuten köcheln lassen und anschließend pürieren.
4. Nun die Kokosmilch, den Orangensaft und das Curry dazugeben. Die Suppe nochmals mit dem Pürierstab aufschäumen und mit Salz & Pfeffer abschmecken.

ZUTATEN
FÜR 4 PORTIONEN

2 Süßkartoffeln
250 g Karotten
15 g Ingwer
1 Orange
800 ml Gemüsebrühe
200 ml Kokosmilch
1 TL Currypulver

BASIS-ZUTATEN

Salz & Pfeffer

ZUBEREITUNGSZEIT:
15 MINUTEN

Miso-Suppe
mit Sobanudeln

Miso ist ein so tolles Gewürz und kommt leider viel zu selten zum Einsatz. 2 TL Misopaste reichen, um eine geschmacksintensive Suppe zu zaubern. In Kombination mit Pilzen, nährstoffreichem Brokkoli und sättigenden Buchweizennudeln ist diese Suppe nicht nur lecker, sondern auch ein richtiges Power-Paket. Und das Beste hieran? Ihr könnt die Suppe nach Herzenslust abwandeln und erweitern. Tofu, Bohnen, Kartoffeln, Algen ... Schmeckt alles prima in dieser Miso-Brühe!

ZUTATEN

FÜR 4 PORTIONEN

10 Champignons
½ Brokkoli
2 Frühlingszwiebeln
1,5 l Gemüsebrühe
2 TL schwarze Misopaste
135 g Sobanudeln
1 EL Sesam

BASIS-ZUTATEN

Olivenöl zum Anbraten
Salz & Pfeffer

ZUBEREITUNG

1. Die Champignons putzen und vierteln. Den Brokkoli in kleine Röschen schneiden. Die Frühlingszwiebeln in Ringe schneiden.
2. Einen großen Kochtopf erhitzen, etwas Olivenöl hineingeben, die Pilze dazugeben und goldbraun braten. Mit Gemüsebrühe ablöschen.
3. Die Misopaste dazugeben und gut verrühren. Nun den Brokkoli mit in den Topf geben und 4–5 Minuten köcheln lassen. Mit Salz und Pfeffer abschmecken.
4. In einem weiteren Kochtopf ausreichend Wasser zum Kochen bringen und die Sobanudeln nach Packungsanleitung al dente kochen.
5. Die Nudeln auf einem Teller anrichten und diesen mit Suppe auffüllen.
6. Mit Frühlingszwiebeln und Sesam garnieren.

ZUBEREITUNGSZEIT:
20 MINUTEN

Linsensuppe
mit Tomaten-Minz-Öl

Schon seit Jahren liebe ich die klassische türkische Linsensuppe. Die Kombination von roten Linsen, Zitronensaft und Minze ist herrlich frisch und trotzdem wärmend. Und das Beste? Für die Zubereitung braucht ihr höchstens 20 Minuten!

ZUTATEN

FÜR 3–4 PORTIONEN

200 g rote Linsen
1–2 Kartoffeln
1 rote Zwiebel
700 ml Gemüsebrühe
1 EL Tomatenmark
1 EL gehackte frische Minze
1 Zitrone

BASIS-ZUTATEN

3 EL Olivenöl + etwas mehr zum Anbraten

ZUBEREITUNG

1. Die Linsen in einem Sieb waschen. Die Kartoffeln schälen und in kleine Würfel schneiden. Die Zwiebel schälen und grob zerkleinern.
2. Einen Kochtopf erhitzen und etwas Olivenöl hineingeben. Die Zwiebel darin anschwitzen. Die Kartoffeln und die Linsen dazugeben und mit der Gemüsebrühe ablöschen. Die Suppe ca. 15 Minuten köcheln lassen.
3. In der Zwischenzeit 3 EL Olivenöl in eine Pfanne geben. Das Tomatenmark dazugeben und mit dem Öl vermengen. Die frische Minze ebenfalls dazugeben und die Pfanne vom Herd nehmen.
4. Die Hälfte des Tomaten-Minz-Öls zu der Suppe geben und alles pürieren.
5. Die Suppe in Schalen füllen und etwas mehr von dem Tomaten-Minz-Öl darübergeben.
6. Die Zitrone auspressen und die Suppe nach Belieben mit frischem Zitronensaft beträufeln.

ZUBEREITUNGSZEIT: 15 MINUTEN

Tomatensuppe
mit Tortellini

Ich persönlich liebe eine gute Tomatensuppe. Die wichtigste Zutat sind – na klar! – Tomaten. Hier macht Qualität wirklich einen Unterschied im Geschmack, und so greife ich am liebsten zu hochwertigen Tomaten aus der Dose. Denn die schmecken meist wesentlich intensiver als die importierten Gewächshaus-Varianten. Ein paar sättigende Tortellini dazu und die aromatische Suppe ist nicht nur superlecker, sondern macht auch richtig satt.

ZUBEREITUNG

1. Die Zwiebel schälen und in feine Würfel schneiden.
2. Das Olivenöl in einem Kochtopf erhitzen, die Zwiebel hineingeben und kurz anschwitzen. Mit dem Balsamico ablöschen und anschließend die Brühe und die geschälten Tomaten hinzugeben.
3. Das Lorbeerblatt in den Topf geben und die Suppe für 10 Minuten leicht köcheln lassen. Anschließend das Lorbeerblatt entfernen und die Suppe mit einem Pürierstab pürieren.
4. Die Hafersahne unterrühren und die Suppe mit Salz und Pfeffer abschmecken.
5. Die Tortellini in die Suppe geben und nach Anleitung al dente kochen.

TIPP:
Wer mag, kann die Suppe vor dem Servieren noch mit geriebenem Parmesan bestreuen.

ZUTATEN
FÜR 4 PORTIONEN

1 Zwiebel
1 EL Balsamico
500 ml Gemüsebrühe
800 g geschälte Tomaten in Sauce (Dose)
1 Lorbeerblatt
100 ml Hafersahne
500 g Tortellini

BASIS-ZUTATEN

3 EL Olivenöl
Salz & Pfeffer

ZUBEREITUNGSZEIT:
25 MINUTEN

Cremige Apfel-Maronen-Suppe

Maronen gehören für mich zum Herbst wie Melonen zum Sommer. Wir essen sie gerne gebacken aus dem Ofen. Aber auch in Suppenform können sie sich sehen lassen! Die Kombination von Apfel und Maronen ist unschlagbar. Beides zusammen ergibt ein süß-saures Duo, das ihr unbedingt ausprobieren solltet.

ZUBEREITUNG

1. Die Schalotten schälen und in grobe Würfel scheiden. Die Kartoffeln und den Apfel schälen und würfeln.
2. Einen großen Kochtopf bei mittlerer Hitze erwärmen und das Olivenöl hineingeben. Die Schalotten darin für 2–3 Minuten anbraten. Nun die Kartoffeln dazugeben und 1 weitere Minute braten.
3. Die Gemüsebrühe, die Hafersahne, die Apfelstücke und drei Viertel der Maronen dazugeben. Den Topf mit einem Deckel verschließen und für etwa 20 Minuten leicht köcheln lassen.
4. Die Suppe mit einem Pürierstab sehr fein pürieren.
5. Den Balsamico dazugeben und nach Belieben mit Salz und Pfeffer abschmecken. Die übrig gebliebenen Maronen fein hacken und die Suppe damit garnieren.

ZUTATEN
FÜR 4 PORTIONEN

3 Schalotten
3 Kartoffeln
1 Apfel
1 l Gemüsebrühe
200 ml Hafersahne
400 g vorgekochte Maronen
2 EL Balsamico

BASIS-ZUTATEN

2 EL Olivenöl
Salz & Pfeffer

ZUBEREITUNGSZEIT:
40 MINUTEN

Karotten-Kokos-Suppe

Cremig, süß und gleichzeitig spicy. Genauso wie wir es lieben. Wer für kleinere Kinder kocht, ist etwas sparsamer mit dem Chili, aber allen anderen kann ich nur empfehlen: Verzichtet nicht darauf! Chili macht diese Suppe erst so richtig spannend und sorgt für das gewisse Etwas.

ZUBEREITUNG

1. Die Karotten schälen und in Scheiben schneiden. Die Zwiebeln und den Ingwer schälen und grob in Würfel schneiden.
2. Alle Zutaten in einen Kochtopf geben und etwa 30 Minuten köcheln lassen.
3. Mit einem Pürierstab oder Standmixer pürieren. Nach Belieben mit Salz und Pfeffer würzen.

ZUTATEN
FÜR 4 PORTIONEN

1 kg Karotten
2 Zwiebeln
30 g Ingwer
200 ml Kokosmilch
800 ml Gemüsebrühe
Chilipulver nach Belieben

BASIS-ZUTATEN

Salz & Pfeffer

ZUBEREITUNGSZEIT:
30 MINUTEN

Indisches Dal

Ein klassisches Linsengericht aus Indien, das den Körper und Geist von innen wärmt. Es ist vielseitig sowie einfach in der Zubereitung. Ihr könnt es pur essen (so mache ich es am liebsten), aber auch Jasmin-Reis oder Naan dazu servieren. Dieses tolle Gericht könnt ihr nach Herzenslust mit Gemüse erweitern. Kleine Brokkoliröschen, Süßkartoffel- oder Karottenwürfel, Spinat und Erbsen, aber auch gebratener Tofu passen hervorragend hierzu und sorgen im Alltag für Abwechslung. Denn ich verspreche euch: Habt ihr dieses Gericht einmal gekocht, wird es vermutlich nicht das letzte Mal gewesen sein.

ZUBEREITUNG

1. Die Linsen in einem kleinen Sieb waschen. Den Ingwer schälen und sehr fein schneiden.
2. Einen Kochtopf erhitzen und 1 EL Ghee oder Kokosöl hineingeben. Den Ingwer sowie das Garam-Masala-Gewürz hinzugeben und kurz anbraten, damit sich das Aroma entfaltet. Die Linsen dazugeben und für 1 weitere Minute unter Rühren braten. Mit 200 ml Wasser und der Kokosmilch ablöschen.
3. Die Linsen für etwa 20 Minuten köcheln lassen. Den Saft einer Limette dazugeben. Nach Belieben mit Salz und Pfeffer würzen und mit Chili abschmecken.
4. Nach Bedarf mit Kokosjoghurt, Brot, Reis oder auch pur servieren.

ZUTATEN
FÜR 3–4 PORTIONEN

200 g rote Linsen
1 Stück Ingwer
1 EL Ghee oder Kokosöl
1,5 TL Garam Masala
400 ml Kokosmilch
Saft einer Limette
Chilipulver nach Geschmack

TOPPINGS UND BEILAGEN (OPTIONAL)

Kokosjoghurt, Naan-Brot oder Reis

BASIS-ZUTATEN

Salz & Pfeffer

ZUBEREITUNGSZEIT: 15 MINUTEN

Schupfnudel-pfanne mit Sauerkraut

Schnupfnudeln und Sauerkraut sind eine gute Kombination und erinnern mich immer an Urlaubstage meiner Kindheit. Damals noch mit Speckwürfeln, heute stattdessen mit geräuchertem Tofu. Aber noch immer eine deftige Mahlzeit, die nicht einfacher in der Zubereitung sein könnte.

ZUBEREITUNG

1. Die Zwiebel schälen. Die Zwiebel und den Tofu in feine Würfel schneiden.
2. Eine Pfanne erhitzen, etwas Butter oder neutrales Öl hineingeben und die Zwiebel und den Tofu darin anschwitzen. Die Schupfnudeln dazugeben und von allen Seiten leicht braun anbraten.
3. Die Schupfnudeln in der Pfanne auf eine Seite schieben und auf die andere Seite das Sauerkraut geben. Nach Belieben mit Kümmel, Salz und Pfeffer würzen. Servieren, sobald das Sauerkraut erhitzt ist.

ZUTATEN
FÜR 4 PORTIONEN

1 Zwiebel
80 g geräucherter Tofu
Butter oder neutrales Öl zum Anbraten
500 g Schupfnudeln
300 g Sauerkraut
½ TL Kümmel

BASIS-ZUTATEN

Salz & Pfeffer

ZUBEREITUNGSZEIT:
15 MINUTEN

Pappardelle
mit Erbsen & Ricotta

Erbsen und Kinder – eine Hass-Liebe. Wie häufig diskutiert man um noch einen Löffel Erbsen. Hier garantiert nicht! Die Erbsen kommen nämlich als cremige Pastasauce daher – süß und fruchtig! Dazu etwas cremiger Ricotta und ich verspreche: Alle Erbsen werden aufgegessen sein.

ZUTATEN
FÜR 4 PORTIONEN

300 g Erbsen (TK oder aus dem Glas)
500 g Pappardelle
500 ml Brühe
½ Zitrone
250 g Ricotta

BASIS-ZUTATEN

Salz & Pfeffer

ZUBEREITUNG

1. Die Erbsen bei Bedarf auftauen lassen.
2. Einen großen Topf mit ausreichend Salzwasser zum Kochen bringen und die Pasta nach Anleitung al dente kochen.
3. Die Brühe erwärmen. Die Erbsen mit der Brühe pürieren. Mit Zitronensaft, Salz & Pfeffer abschmecken. Das Erbsenpüree unter die heiße Pasta geben und mit Ricotta servieren.

ZUBEREITUNGSZEIT:
20 MINUTEN
+ 30–40 MINUTEN BACKZEIT

Pasta mit Ofen-Tomatensauce

Findet ihr nicht auch, dass fast alles im Ofen Gegarte besser schmeckt als aus dem Kochtopf? Ich liebe es, wenn der Zucker im Gemüse karamellisiert und dadurch ein so intensiver Geschmack entsteht, wie es beim klassischen Kochen kaum möglich ist. Diese Tomatensauce besteht aus Ofentomaten und könnte deshalb wohl kaum aromatischer sein. Hinzu kommt, dass sich die Sauce quasi von allein zubereitet und nicht mehr als zwei Handgriffe nötig sind. Ihr könnt alle Sorten an Tomaten verwenden. Aber es gilt: Je besser die Tomate, desto aromatischer die Sauce.

ZUBEREITUNG

1. Den Backofen auf 170 °C Umluft vorheizen.
2. Die Tomaten waschen und je nach Größe vierteln oder halbieren. Den Knoblauch schälen.
3. Die Tomaten und den Knoblauch in eine Auflaufform geben. Mit Olivenöl beträufeln und mit Basilikum, Oregano, Salz und Pfeffer würzen.
4. Die Tomaten für mindestens 30–40 Minuten im Ofen garen. Die fertig gegarten Tomaten in einen Mixer geben oder kurz mit einem Pürierstab pürieren. Nicht zu lang – die Sauce darf noch etwas Textur behalten.
5. Die Pasta in ausreichend Wasser nach Anleitung al dente kochen. Das Wasser abgießen und die Pasta mit der Sauce vermengen. Nach Belieben mit frisch geriebenem Parmesan und frischem Basilikum servieren.

ZUTATEN
FÜR 4 PORTIONEN

1 kg Tomaten
3 Knoblauchzehen
1 TL getrockneter Basilikum
1 TL getrockneter Oregano
500 g Pasta
Parmesan (optional)
frisches Basilikum (optional)

BASIS-ZUTATEN

5 EL Olivenöl
Salz & Pfeffer

STAUB
STAUB

ZUBEREITUNGSZEIT:
10 MINUTEN

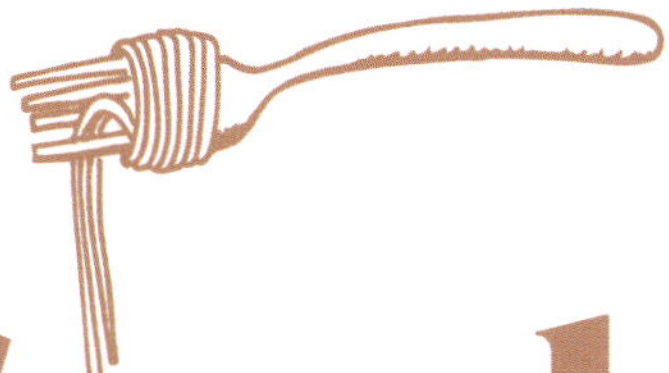

Spaghetti Cacio & Pepe

Dieses Rezept ist für alle größeren Kinder und Erwachsene, denn Pfeffer ist nicht unbedingt etwas für die Kleinsten. Aber allen Pfeffer-Liebhabern kann ich nur empfehlen, dieses Pastarezept zu kochen. Es ist super einfach zubereitet, kommt mit nur drei Zutaten aus und ist somit das perfekte Soulfood für stressige Momente.

ZUBEREITUNG

1. Die Spaghetti nach Anleitung al dente kochen.
2. Den Pecorino reiben.
3. Die Pasta abgießen, dabei etwa eine Tasse Pastawasser abschöpfen und aufbewahren.
4. Das Pastawasser und den Pecorinokäse abwechselnd und in kleinen Mengen zu einer cremigen Sauce verrühren. Anschließend zu den Spaghetti geben. Den Pfeffer dazugeben und alles vermengen. Servieren.

ZUTATEN
FÜR 2 PORTIONEN

250 g Spaghetti
200 g Pecorino
2 EL frisch gemahlener Pfeffer

BASIS-ZUTATEN

Salz

ZUBEREITUNGSZEIT:
10 MINUTEN
+ 20 MINUTEN BACKZEIT

Gnocchi Gorgonzola aus dem Ofen

Eines der Lieblingsgerichte meines Sohnes und nicht nur bestens geeignet für alle Kinder, die gerade in der Phase der möglichst farblosen Lebensmittel stecken. Denn geschmacklich macht es einiges her und gehört für mich zu den besten Rezepten, wenn man mal wieder Lust auf etwas richtig Handfestes hat.

ZUTATEN
FÜR 3–4 PORTIONEN

250 g Sahne
80 g Gorgonzola
300 g Gnocchi
30 g Gouda

BASIS-ZUTATEN

Salz & Pfeffer

ZUBEREITUNG

1. Den Backofen auf 180 °C Umluft vorheizen.
2. Die Sahne und den Gorgonzola in einen Kochtopf geben und unter Rühren den Gorgonzola schmelzen. Nun die Gnocchi in die heiße Sauce geben und für 2 Minuten köcheln lassen.
3. Alles in eine Auflaufform geben und mit geriebenen Gouda bestreuen. Für etwa 20 Minuten im Backofen goldbraun backen.

Orzo mit grünem Spargel & Burrata

Orzo sind superkleine Pastakörner, die aussehen wie Reis. Ursprünglich kommt Orzo aus Griechenland und hat daher eigentlich mit klassischer italienischer Pasta nicht viel zu tun. Dieses Gericht könnt ihr heiß, warm und kalt servieren. So wird aus einem heißen Pastarezept schnell ein frischer Nudelsalat. Es funktioniert daher auch prima auf einem Buffet.

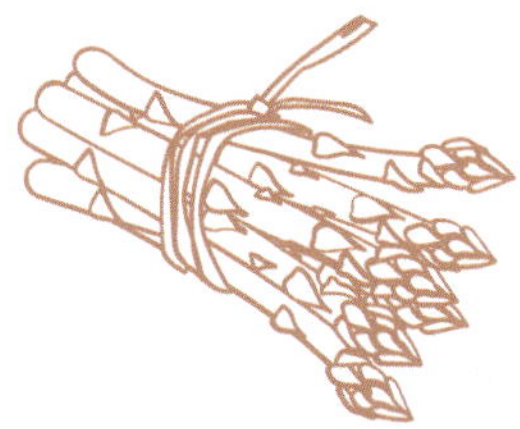

ZUBEREITUNG

1. Den Spargel in etwa daumengroße Stücke schneiden, dabei die trockenen Enden abschneiden. Den Rucola waschen und sanft abtrocknen.
2. Einen Kochtopf erhitzen, mit ausreichend Wasser füllen und die Orzo nach Anleitung al dente kochen.
3. In der Zwischenzeit eine Pfanne mit etwas Olivenöl erhitzen und den Spargel für etwa 7–8 Minuten bei mittlerer Hitze braten.
4. Währenddessen das Pesto vorbereiten. Hierfür Basilikum, Pinienkerne, Zitrone (Saft & Abrieb), Olivenöl, Salz und Pfeffer in einen Mixer geben und zu einem Pesto verarbeiten.
5. Die fertig gegarten Orzo abgießen und mit dem Pesto vermengen. Den Spargel und den Rucola dazugeben und vorsichtig unterrühren. Mit der Burrata belegen und servieren.

ZUTATEN
FÜR 4 PORTIONEN

400 g grüner Spargel
1 Handvoll Rucola
200 g Orzo
30 g Basilikum
30 g Pinienkerne
Saft & Abrieb einer ½ Zitrone
1 Burrata

BASIS-ZUTATEN

5 EL Olivenöl + etwas mehr zum Anbraten
Salz & Pfeffer

ZUBEREITUNGSZEIT:
35 MINUTEN

Kürbisrisotto mit karamellisierten Walnüssen

Risotto gehört für mich in die Kategorie „Seelenwärmer". Ich liebe es, eine heiße Schale cremiges Risotto zu löffeln und es mir dabei gemütlich zu machen. Dieses Rezept mit Kürbis und karamellisierten Walnüssen schmeckt besonders gut an kalten Herbsttagen.

ZUBEREITUNG

1. Den Backofen auf 160 °C Umluft vorheizen.
2. Den Kürbis waschen, entkernen und in Spalten schneiden. Die Kürbisspalten in eine Auflaufform geben, mit Olivenöl beträufeln und für ca. 30 Minuten backen.
3. In der Zwischenzeit die Gemüsebrühe in einen Topf geben und erhitzen. In einem zweiten Topf 1 EL Butter schmelzen und den Reis darin anschwitzen, bis alle Reiskörner glänzen.
4. Mit einer Suppenkelle heißer Brühe begießen, umrühren und einkochen lassen. Diesen Vorgang alle paar Minuten wiederholen, sobald der Reis die Flüssigkeit absorbiert hat. Nach etwa 20 Minuten sollte der Reis weich sein, aber noch einen leichten Biss haben.
5. Den Kürbis aus dem Backofen holen. Einige Kürbisspalten als Garnitur beiseitelegen. Die restlichen mit einem Pürierstab pürieren. Das Kürbismus unter das Risotto rühren.
6. Den Parmesan reiben und ebenfalls unter das Risotto rühren. Zum Schluss die restliche Butter unterheben und nochmals gut umrühren.
7. Die Walnüsse grob zerkleinern. Eine Pfanne erhitzen und die Walnüsse hineingeben. Unter Rühren von allen Seiten anrösten. Nach etwa 1 Minute mit Ahornsirup beträufeln und kurz karamellisieren lassen.
8. Das Risotto in Schalen anrichten und mit den übrig gebliebenen Kürbisspalten und den karamellisierten Walnüssen garnieren.

ZUTATEN

FÜR 4 PORTIONEN

300 g Hokkaido-Kürbis
800 ml Gemüsebrühe
2 EL Butter
300 g Risottoreis
100 g Parmesan
1 Handvoll Walnüsse
1 EL Ahornsirup

BASIS-ZUTATEN

2 EL Olivenöl
Salz & Pfeffer

ZUBEREITUNGSZEIT:
15 MINUTEN
+ 30 MINUTEN EINWEICHZEIT

Penne
mit cremiger Cashew-Basilikum-Sauce

Cashewkerne sind wahre Alleskönner. Ich bin immer wieder beeindruckt, wie vielseitig diese kleinen Kerne einsetzbar sind. In diesem Rezept bilden sie die Basis für eine wahnsinnig cremige Sauce, bei der man denken könnte, wir hätten die fetteste Sahne verwendet. Dazu frisches Basilikum, Zitronensaft und würzige Hefeflocken, und schon haben wir eine Pastasauce, der man nicht anmerkt, wie gesund sie in Wahrheit ist. Healthy Soulfood vom Feinsten!

ZUBEREITUNG

1. Die Cashewkerne für mindestens 30 Minuten in Wasser einweichen. Anschließend abgießen.
2. Einen großen Kochtopf mit ausreichend Salzwasser zum Kochen bringen. Die Penne nach Anleitung al dente kochen.
3. In der Zwischenzeit die Sauce vorbereiten. Hierfür den Knoblauch schälen. Die Cashewkerne, das Basilikum, den Knoblauch, den Zitronensaft, das Olivenöl, 6 EL Wasser und die Hefeflocken mit einem Pürierstab oder in einem Mixer zu einer feinen Sauce pürieren.
4. Die Penne abgießen und dabei eine Saucenkelle Pastawasser abschöpfen. Die Sauce zusammen mit dem abgeschöpften Pastawasser zu der Pasta geben und verrühren.
5. Mit Salz und Pfeffer abschmecken und servieren.

ZUTATEN
FÜR 2 PORTIONEN

60 g Cashewkerne
250 g Penne
2 Knoblauchzehen
20 g Basilikum
Saft einer ½ Zitrone
1 EL Hefeflocken

BASIS-ZUTATEN

Salz & Pfeffer
3 EL Olivenöl

ZUBEREITUNGSZEIT:
10 MINUTEN
+ 15 MINUTEN ZIEHZEIT

Apfel-Sellerie-Salat mit Mango

So ein einfacher und erfrischender Salat! Hauchdünne Apfel- und Selleriescheiben treffen auf fruchtige Mango. Dieser Salat ist prima für das Thema Meal Prep geeignet, denn er schmeckt auch noch am zweiten Tag supergut!

ZUBEREITUNG

1. Die Selleriestangen und die Äpfel gut waschen und abtrocknen. Das Kerngehäuse der Äpfel ausstechen. Den Sellerie und die Äpfel in sehr feine Scheiben schneiden. Am einfachsten und schnellsten funktioniert das mit einer Mandoline.
2. Die Mango schälen und in feine Würfel schneiden.
3. Den Zitronensaft, den Ahornsirup und das Olivenöl verrühren und anschließend alles zusammen in einer großen Schüssel vermengen. Den Salat für etwa 15 Minuten ziehen lassen. Mit Salz und Pfeffer abschmecken und servieren.

ZUTATEN
FÜR 4 PORTIONEN

5–6 Selleriestangen
2 grüne Äpfel
1 Mango
Saft einer ½ Zitrone
2 EL Ahornsirup

BASIS-ZUTATEN

2 EL Olivenöl
Salz & Pfeffer

ZUBEREITUNGSZEIT:
15 MINUTEN

Weiße-Riesenbohnen-Salat

Hauchdünner Fenchel und Sellerie treffen auf warme weiße Riesenbohnen. Zusammen mit frischen Kräutern haben wir hier einen tollen und frischen Geschmack. Der Salat steht prima für sich allein, aber auch als Beilage macht er eine gute Figur.

ZUBEREITUNG

1. Den Fenchel und den Sellerie waschen und mit einer Mandoline in sehr feine Scheiben hobeln. Alternativ mit einem scharfen Messer in sehr dünne Scheiben schneiden.
2. Den Dill und die Petersilie waschen und sehr fein hacken. Alles zusammen in eine Schüssel geben und mit Zitronensaft, Olivenöl, Salz und Pfeffer würzen.
3. Einen kleinen Kochtopf mit der Gemüsebrühe zum Kochen bringen und die Bohnen für etwa 4 Minuten leicht köcheln lassen. Die Brühe abgießen und die Bohnen zu den restlichen Zutaten geben. Alles gut vermengen und servieren.

ZUTATEN
FÜR 2–3 PORTIONEN

1 Fenchel
2 Selleriestangen
1 Bund Dill
1 Bund Petersilie
½ Zitrone
500 ml Gemüsebrühe
400 g weiße vorgekochte Bohnen

BASIS-ZUTATEN

Olivenöl nach Geschmack
Salz & Pfeffer

ZUBEREITUNGSZEIT:
15 MINUTEN ZIEHZEIT

Couscous-Salat
mit Pflaumen

Dieser Salat eignet sich perfekt, um ihn auf Vorrat zuzubereiten, denn er schmeckt auch noch an Tag 2 oder sogar 3 richtig gut. Ihr könnt die Pflaumen je nach Saison auch gegen Aprikosen, Nektarinen und sogar Erdbeeren tauschen. Es schmeckt himmlisch!

ZUBEREITUNG

1. 250 ml Wasser zum Kochen bringen und den Couscous damit übergießen. Für etwa 10 Minuten quellen lassen, anschließend einmal gut umrühren.
2. In der Zwischenzeit die Pinienkerne behutsam in einer Pfanne ohne Fett rösten. Sobald sie gleichmäßig goldbraun sind, sind sie fertig.
3. Die Frühlingszwiebeln waschen und in feine Streifen schneiden. Die Pflaumen waschen, entkernen und in feine Spalten schneiden. Die Minze fein hacken.
4. Alle Zutaten zu dem Couscous geben und miteinander vermengen. Mit Salz und Pfeffer abschmecken.

ZUTATEN
FÜR 4 PORTIONEN

150 g Couscous
30 g Pinienkerne
3 Frühlingszwiebeln
5 Pflaumen
15–20 g Minze
Saft einer Zitrone

BASIS-ZUTATEN

5 EL Olivenöl
Salz & Pfeffer

ZUBEREITUNGSZEIT:
15 MINUTEN

Zitrussalat
mit Radicchio

Radicchio ist eine bittere Angelegenheit und nicht jedermanns Sache. Bitterstoffe sind aber so wichtig und gut für unseren Körper. Fruchtige Zitrusfrüchte fangen den bitteren Radicchio-Geschmack ab, und das fruchtige Dressing mit Honig erledigt den Rest. Ich verspreche, auch diejenigen, die sich eigentlich mit bitteren Essen schwertun, werden diesen Salat sehr mögen!

ZUBEREITUNG

1. Die Zitrusfrüchte schälen und in feine Spalten schneiden.
2. Den Radicchio in Streifen schneiden, waschen und gut trocknen. Am besten klappt das mit einer Salatschleuder.
3. Die Kürbiskerne in einer Pfanne ohne Fett rösten. Die Pfanne immer in Bewegung halten, da die Kerne schnell verbrennen.
4. Für das Dressing Orangensaft, Olivenöl, Honig und Balsamico miteinander verrühren.
5. Radicchio, Zitrusfrüchte, Kürbiskerne und Parmesan auf einem Teller anrichten und das Dressing darübergeben. Nach Belieben mit Salz und Pfeffer würzen.

ZUTATEN
FÜR 3–4 PORTIONEN

2 Zitrusfrüchte (z. B. 1 Orange, 1 Grapefruit)
1 Radicchio
2 EL Kürbiskerne
2 EL Orangensaft
1 TL Honig
1 TL weißer Balsamico
2 EL gehobelter Parmesan

BASIS-ZUTATEN

2 EL Olivenöl
Salz & Pfeffer

ZUBEREITUNGSZEIT: 20 MINUTEN

Panzanella-Tomaten-Salat

Dieser italienische Brotsalat ist die Antwort auf die Frage, was man mit drei Tage altem Brot anfangen soll. Zusammen mit etwas Olivenöl wird es im Backofen knusprig und somit perfekt für unseren Tomaten-Brot-Salat. Wichtig ist es hier, superaromatische Tomaten zu wählen. Dann kann nichts mehr schiefgehen.

ZUTATEN
FÜR 4 PORTIONEN

250 g Brot
700–800 g bunte Tomaten
1 rote Zwiebel
1 Knoblauchzehe
3 EL Balsamico
150 g Mozzarella
20 g Basilikum

BASIS-ZUTATEN

9 EL Olivenöl
Salz & Pfeffer

ZUBEREITUNG

1. Den Backofen auf 180 °C Umluft vorheizen
2. Das Brot in Stücke zupfen oder klein schneiden. Die Brotstücke in eine Auflaufform geben, mit 5 EL Olivenöl beträufeln und mit Salz würzen. Im Backofen für etwa 7 Minuten knusprig backen.
3. Die Tomaten waschen und in Stücke schneiden. Die Zwiebel schälen, halbieren und in feine Streifen schneiden. Den Knoblauch schälen und mit einer Presse fein pressen.
4. Knoblauch, restliches Olivenöl und Balsamico in eine Salatschüssel geben. Die Tomaten dazugeben und in der Flüssigkeit etwa 5 Minuten marinieren.
5. Nun den Mozzarella in kleine Stücke zupfen und zu den Tomaten geben. Das knusprige und warme Brot und das klein gezupfte Basilikum dazugeben. Mit Salz und Pfeffer abschmecken und sofort servieren.

ZUBEREITUNGSZEIT:
20 MINUTEN

Gegrillte Nektarinen mit Büffelmozzarella

Der perfekte Sommersalat – passt zu einem Grillabend ebenso wie als Hauptmahlzeit. Die gegrillten Nektarinen entfalten ihr süßes Aroma und der cremige Büffelmozzarella schmilzt über den heißen Nektarinen. Muss ich noch mehr sagen?

ZUBEREITUNG

1. Die Nektarinen vierteln und entsteinen.
2. Eine Pfanne erhitzen und die Nektarinen ohne Fett auf allen Schnittseiten für etwa 2 Minuten schmoren.
3. In der Zwischenzeit das Dressing aus dem Saft einer halben Orange, dem Balsamico, dem Senf und dem Olivenöl anrühren.
4. Den Salat waschen und gut trocknen. Das Basilikum grob hacken. Beides auf einem großen Teller oder einer Platte verteilen. Den Mozzarella mit den Händen zerrupfen und auf dem Salat verteilen, die Nektarinen ebenfalls darauf drapieren.
5. Das Dressing über alles geben und nach Belieben mit Salz & Pfeffer würzen.

ZUTATEN
FÜR 4 PORTIONEN

6 Nektarinen
Saft einer ½ Orange
2 EL weißer Balsamico
1 TL Senf
200 g Pflücksalat
1 Handvoll frisches Basilikum
150 g Büffelmozzarella

BASIS-ZUTATEN

2 EL Olivenöl
Salz & Pfeffer

ZUBEREITUNGSZEIT:
15 MINUTEN

Salat
mit Roter Bete, Feta und Minze

Eine Schüssel voller guter Nährstoffe und dabei einfach nur megalecker. Die Kombination von Roter Bete, Feta, Minze, Walnüssen und einem Hauch Ahornsirup ist himmlisch. Superschnell und einfach ist der Salat mit vorgekochten Rote-Bete-Knollen zubereitet. Wer aber lieber alles selbst machen möchte, der kann die Knollen für etwa 45 Minuten bei 180 °C Umluft im Backofen garen. So lecker!

ZUTATEN
FÜR 4 PORTIONEN

500 g vorgegarte Rote Bete
150 g Feta
30 g Minze
60 g Walnüsse
2 EL Balsamico
1 EL Ahornsirup

BASIS-ZUTATEN

4 EL Olivenöl
Salz & Pfeffer

ZUBEREITUNG

1. Die vorgegarten Rote-Bete-Knollen sowie den Feta in Würfel schneiden. Die Minze in sehr feine Streifen schneiden und die Walnüsse grob hacken.
2. Alle Zutaten nun zusammen in eine Schüssel geben und vermengen.
3. Nach Belieben mit Salz und Pfeffer würzen und servieren.

ZUBEREITUNGSZEIT:
10 MINUTEN

Gurke & Tomaten in Kreuzkümmel-Joghurt

Gurken und Tomaten in einem cremigen Kreuzkümmel-Dressing – klingt gut und ist es auch. Simpel und schnell, lecker und erfrischend!

ZUTATEN
FÜR 2–3 PORTIONEN

15 g Petersilie
5 EL Joghurt
1 TL gemahlener Kreuzkümmel
1 Salatgurke
250 g Tomaten

BASIS-ZUTATEN

Salz & Pfeffer

ZUBEREITUNG

1. Die Petersilie klein hacken. Joghurt, Kreuzkümmel und gehackte Petersilie mit Salz und Pfeffer vermengen.
2. Die Gurke schälen und würfeln. Die Tomaten waschen und ebenfalls würfeln.
3. Beides in das Joghurt-Dressing geben, behutsam verrühren und servieren.

ZUBEREITUNGSZEIT:
30 MINUTEN

Spargel-Kartoffelsalat

Dieser Salat ist die perfekte Verwertung für die Überbleibsel vom traditionellen Spargel-Essen. Wir alle kennen die nicht gegessenen Kartoffeln und die letzten Spargel-Stangen, die dann doch liegen bleiben. Alles klein geschnitten und mit ein paar Zutaten erweitert, haben wir einen leichten, frischen Salat, der perfekt zu einem Grillabend oder Picknick passt.

ZUBEREITUNG

1. Die Kartoffeln in Wasser garkochen und anschließend schälen. Den Spargel putzen und in Salzwasser etwa 6 Minuten gar kochen. Alternativ übrige Kartoffeln und Spargel vom Vortag verwenden.
2. Die Avocado schälen und den Kern entfernen. Den Spargel, die Kartoffeln und die Avocado in mundgerechte Stücke schneiden.
3. In eine große Schale geben und mit Kresse, Zitronensaft, Olivenöl, Salz & Pfeffer vermengen. Alles gut umrühren und servieren.

ZUTATEN
FÜR 4 PORTIONEN
300 g Drillinge
250 g grüner Spargel
1 Avocado
Kresse nach Geschmack
Saft einer ½ Zitrone

BASIS-ZUTATEN
3 EL Olivenöl
Salz & Pfeffer

ZUBEREITUNGSZEIT:
10 MINUTEN
+ 35–40 MINUTEN BACKZEIT

Auberginen mit Feta und Tahin-Sauce

Ich weiß nicht, wie es euch geht, aber ich finde, man verwendet viel zu selten Auberginen. Dabei sind sie ein so tolles Gemüse, das gerade im Ofen eine herrlich cremige Konsistenz bekommt. Zusammen mit Tahin-Joghurt und Feta haben wir ein fantastisches Gericht auf dem Tisch.

ZUBEREITUNG

1. Den Backofen auf 190 °C Umluft vorheizen.
2. Die Auberginen waschen und halbieren. Die Auberginen-Hälften nochmals längs dritteln und in eine große Auflaufform legen. Mit dem Olivenöl beträufeln und für 25–30 Minuten im Ofen garen.
3. Nun den Feta mit den Händen in grobe Stücke bröseln und auf die Auberginen geben. Für weitere 10 Minuten im Ofen backen.
4. In der Zwischenzeit Tahin und Joghurt miteinander verrühren.
5. Die fertig gegarten Auberginen mit dem Tahin-Joghurt beträufeln und mit Granatapfelkernen garnieren.

ZUTATEN
FÜR 3–4 PORTIONEN

3 Auberginen
200 g Feta
3 EL Tahin
5 EL Joghurt
1 EL Granatapfelkerne

BASIS-ZUTATEN

5 EL Olivenöl
Salz & Pfeffer

ZUBEREITUNGSZEIT:
20 MINUTEN

Bohnen-Kräuter-Taler

Diese Frikadellen, Taler, Buletten … – wie auch immer ihr sie nennen mögt – sind so cremig und zart, man möchte sich am liebsten reinlegen. Minimale Zutaten und maximaler Geschmack. Dabei supergesund und sättigend. Ich koche dieses Gericht ständig. Wir lieben es so sehr!

ZUBEREITUNG

1. Beide Bohnensorten in ein Sieb geben und abspülen. Gut abtropfen lassen. Die Kräuter fein hacken.
2. Die Kräuter und Bohnen mit etwas Salz und Pfeffer in einer Schüssel vermengen. Etwa 5 EL der Mischung abnehmen. Den Rest mit einem Kartoffelstampfer stampfen und mit den Händen acht gleich große Taler formen.
3. Die Kirschtomaten halbieren. Den Knoblauch schälen und sehr fein hacken. Beides zu den verbliebenen Bohnen geben und mit dem Olivenöl vermengen. Beiseitestellen.
4. Eine Pfanne erhitzen, etwas Öl hineingeben und die Taler scharf von beiden Seiten anbraten. Nicht wundern – die Taler werden nicht hart, sie behalten ihre cremige Konsistenz.
5. Die fertigen Taler aus der Pfanne nehmen und den Tomaten-Bohnen-Mix in die Pfanne geben. Für 2–3 Minuten braten. Anschließend mit den Talern anrichten.

ZUTATEN
FÜR 2–3 PORTIONEN

1 Dose schwarze Bohnen (400 g)
1 Dose weiße Riesenbohnen (400 g)
20 g Basilikum
20 g Petersilie
10 g Schnittlauch
10 Kirschtomaten
1 Knoblauchzehe

BASIS-ZUTATEN

Salz & Pfeffer
5 EL Olivenöl + etwas mehr zum Anbraten

ZUBEREITUNGSZEIT:
45 MINUTEN

Zucchini-Kartoffelpuffer

Wer keine Puffer mag, hebt bitte einmal die Hand. Ah – niemand? Verstehe ich! Alle lieben Puffer! Und das ist die perfekte Möglichkeit, auch den Gemüseverweigerern ein bisschen Grün unterzumogeln. Die Zucchini-Kartoffelpuffer sind außen herrlich knusprig und lassen sich prima in etwas Sauerrahm dippen. Auch als kalter Snack für die Brotbox eignen sich übrig gebliebene Puffer hervorragend.

ZUBEREITUNG

1. Die Kartoffeln schälen, die Zucchini waschen. Die Petersilie hacken.
2. Mit einer Reibe die Kartoffeln und Zucchini reiben. Mit 1 TL Salz würzen und für ca. 20 Minuten beiseitestellen. Das Salz wird den Kartoffeln und den Zucchini das Wasser entziehen. Nach 20 Minuten das Wasser abgießen. Die Kartoffel-Zucchini-Raspel in ein sauberes Geschirrtuch geben und gut ausdrücken. Die Gemüseraspel sollten so trocken wie möglich sein.
3. Nun das Mehl, die Eier und 1 EL gehackte Petersilie dazugeben. Nach Belieben salzen und pfeffern und alles gut miteinander vermengen.
4. Eine Pfanne erhitzen und ausreichend Öl hineingeben. Die Puffer sollten halb hoch im Fett schwimmen. Etwa 1 gehäuften EL Teigmasse pro Puffer in die Pfanne geben und von beiden Seiten bei mittlerer Hitze goldbraun braten.
5. Die restliche Petersilie mit dem Sauerrahm vermischen und zu den Puffern servieren.

ZUTATEN
FÜR 3–4 PORTIONEN

1 kg Kartoffeln
400 g Zucchini
1 Bund Petersilie
4 EL Mehl
2 Eier
200 g Sauerrahm

BASIS-ZUTATEN

neutrales Öl zum Anbraten
Salz & Pfeffer

ZUBEREITUNGSZEIT:
10 MINUTEN
+ 15 MINUTEN BACKZEIT

Brokkoli mit crunchy Haferflocken

Broccolini, auch Spargelbrokkoli genannt, sind kleine zarte Brokkoli-Stängchen, die sich perfekt für den Ofen eignen. Zusammen mit kernigen, knusprigen Haferflocken ergeben sie ein nahrhaftes Gericht. Es schmeckt allein für sich schon hervorragend, passt aber auch prima zu Kartoffelpüree. Und wer keinen Broccolini in seinem Supermarkt findet, der greift einfach zu ganz normalem Brokkoli!

ZUBEREITUNG

1. Den Backofen auf 190 °C Umluft vorheizen.
2. Den Broccolini gut waschen und mit einem Küchentuch abtupfen. Die Knoblauchzehen schälen. Den Chili und die Knoblauchzehen sehr fein hacken.
3. Die Haferflocken und den Broccolini in eine Auflaufform legen, mit Olivenöl beträufeln und gleichmäßig Knoblauch und Chili darüber verteilen. Wer für kleine Kinder kocht, lässt den Chili einfach weg.
4. Den Broccolini für etwa 15 Minuten im Backofen garen.

ZUTATEN

FÜR 3–4 PORTIONEN

500 g Broccolini
2 Knoblauchzehen
½ Chilischote
4 EL kernige Haferflocken

BASIS-ZUTATEN

4 EL Olivenöl
Salz & Pfeffer

STAUB
STAUB

ZUBEREITUNGSZEIT:
20 MINUTEN

Blattspinat mit gebratenen Kräutersaitlingen

Dieses Gericht gehört zu meinen Standardrezepten, die ich immer wieder koche. Es ist nicht nur sehr schnell und einfach zubereitet, sondern auch noch sehr sehr lecker. Die Kräutersaitlinge sind scharf angebraten ein wirklich guter Fleischersatz und so wird aus ein paar simplen Zutaten ein richtiges Gericht.

ZUBEREITUNG

1. Den Spinat gut waschen und tropfnass in einen großen Kochtopf geben.
2. Die Knoblauchzehe schälen, sehr fein hacken und mit in den Topf geben. Den Topf erhitzen und den Spinat bei geschlossenem Deckel 5 Minuten behutsam blanchieren. Mit Salz und Pfeffer würzen.
3. In der Zwischenzeit die Kräuterseitlinge in Streifen schneiden.
4. Eine Pfanne erhitzen. 2 EL Olivenöl hineingeben und die Kräutersaitlinge scharf von beiden Seiten anbraten. Mit Salz und Pfeffer würzen.
5. Den gegarten Spinat abtropfen lassen und auf Teller verteilen. Die Kräutersaitlinge darauf drapieren, etwas geriebenen Parmesan über alles geben und mit dem restlichen Olivenöl beträufeln.

ZUTATEN
FÜR 2–3 PORTIONEN
600 g frischer Blattspinat
1 Knoblauchzehe
6 Kräutersaitlinge
30 g Parmesan

BASIS-ZUTATEN
Salz & Pfeffer
6 EL Olivenöl

ZUBEREITUNGSZEIT:
30 MINUTEN

Crispy Polenta
mit Rahmspinat

Eines meiner absoluten Lieblingsgerichte. Ich liebe den Mix aus cremigem Spinat und knusprigen Polenta-Happen. Sollten ein paar Polenta-Stücke nicht direkt gegessen werden, kann man sie auch prima am nächsten Tag nochmals in die Pfanne geben und dann beispielsweise mit einem Salat genießen. Aber auch unterwegs in der Lunchbox können sie sich sehen lassen.

ZUBEREITUNG

1. 700 ml Wasser in einen Kochtopf geben, leicht salzen und die Polenta in das kochende Wasser rühren. Unter Rühren 2 Minuten leicht köcheln lassen und vom Herd nehmen.
2. Die Petersilie und den Schnittlauch waschen, fein hacken und unter die Polenta rühren.
3. Eine kleine Auflaufform mit Frischhaltefolie auskleiden und die Polenta hineingeben. Mit einem Löffel gleichmäßig verteilen und auskühlen lassen. Die kalte Polenta mit einer Ausstechform oder mit einem Messer in beliebige Formen stechen oder schneiden.
4. Eine Pfanne mit etwas Olivenöl erhitzen und die Polenta von beiden Seiten etwa 3 Minuten goldbraun braten.
5. In der Zwischenzeit den Spinat waschen und zusammen mit der Hafersahne und dem Parmesan in einen Kochtopf geben und einmal kurz aufkochen lassen. Alles nach Belieben mit Salz und Pfeffer würzen und servieren.

ZUTATEN
FÜR 3–4 PORTIONEN

300 g Polenta
30 g Petersilie
30 g Schnittlauch
500 g Blattspinat
250 ml Hafersahne
30 g Parmesan

BASIS-ZUTATEN

2 EL Olivenöl
Salz & Pfeffer

ZUBEREITUNGSZEIT:
30 MINUTEN
+ 1 STUNDE BACKZEIT

Gebackener Blumenkohl

Wer einmal einen im Backofen gegarten Blumenkohl gegessen hat, wird ihn vermutlich nie wieder anders zubereitet essen wollen. Zumindest geht es mir so. Kommt der Blumenkohl nach etwa einer Stunde aus dem Ofen, hat er schon eine beinahe cremige Textur. Er ist in der Mitte zart und außen leicht knusprig. Man kann ihn eigentlich zu allem servieren und er ist auf jedem Tisch ein Highlight.

ZUTATEN
FÜR 4 PORTIONEN

1 Blumenkohl
1 EL Butter

BASIS-ZUTATEN

2 EL Olivenöl
Meersalz

ZUBEREITUNG

1. Einen großen Kochtopf mit ausreichend Wasser füllen und zum Kochen bringen. Den gesamten Blumenkohl hineingeben und für etwa 10 Minuten kochen. Anschließend aus dem Wasser nehmen und in einem Sieb 10 Minuten abtropfen lassen.
2. In der Zwischenzeit den Backofen auf 160 °C Umluft vorheizen.
3. Den Blumenkohl in eine Auflaufform geben, mit Butter und Olivenöl bestreichen und mit Meersalz bestreuen. Ca. 1 Stunde backen und servieren.

TIPP:
Sehr gut passt der Blumenkohl zum Couscous-Salat (Seite 114). Als richtiges Menü ist er toll mit den Auberginen (Seite 129) und dem Zitrussalat (Seite 117).

ZUBEREITUNGSZEIT:
20 MINUTEN
+ 20–30 MINUTEN ZIEHZEIT
+ 50 MINUTEN BACKZEIT

Ofen-Spitzkohl

Kohl gehört zu den häufig in Vergessenheit geratenen Lebensmitteln. Dabei ist Kohl so vielseitig und ganz nebenbei noch wahnsinnig günstig. Spitzkohl aus dem Ofen, mit Parmesan und cremiger Sauce ist ein Gedicht und der eindeutige Beweis dafür, dass Kohl ganz schön viel kann und vor allem eins ist: richtig lecker!

ZUBEREITUNG

1. Zunächst den Spitzkohl unter fließenden Wasser abspülen und mit einem Tuch trocken tupfen. Nun vierteln, gleichmäßig mit dem Olivenöl beträufeln und etwas salzen. Den Spitzkohl für etwa 20–30 Minuten stehen lassen.
2. In der Zwischenzeit die Kartoffeln schälen und vierteln.
3. Den Backofen auf 160 °C Umluft vorheizen.
4. Den Spitzkohl und die Kartoffeln in einer Auflaufform im Backofen für etwa 30 Minuten garen. Nach 30 Minuten die Sahne und den Parmesan darübergeben und für weitere 20 Minuten backen.
5. Am Ende der Garzeit den Spitzkohl aus dem Ofen holen, nach Belieben salzen und pfeffern und servieren.

ZUTATEN
FÜR 3–4 PORTIONEN
1 Spitzkohl
5 Kartoffeln
200 ml Sahne
30 g Parmesan

BASIS-ZUTATEN
4 EL Olivenöl
Salz & Pfeffer

STAUB
STAUB

ZUBEREITUNGSZEIT:
15 MINUTEN

Gebratene Artischocken & Joghurt

Dieses Gericht habe ich mal in einem Restaurant gegessen und musste es unbedingt sofort zu Hause nachkochen. Es ist supersimpel, aber trotzdem ganz besonders. Ich habe es seitdem bestimmt schon hundertmal gekocht und werde dessen nicht müde.

ZUBEREITUNG

1. Die Artischockenherzen gut abtropfen lassen.
2. Eine Pfanne erhitzen, 1 EL Olivenöl hineingeben und die Artischocken bei mittlerer Hitze von allen Seiten goldbraun anbraten.
3. In der Zwischenzeit die Zitrone waschen und Zesten ziehen. Die Zitrone auspressen. Etwa 1 TL Zesten in den Joghurt rühren.
4. Den Joghurt auf einen Teller geben und die Artischockenherzen darauflegen. Mit etwas Zitronensaft und dem restlichen Olivenöl beträufeln. Mit Salz & Pfeffer würzen und mit frischen Kräutern garnieren.

ZUTATEN
FÜR 4 PORTIONEN

8 gegarte Artischocken-Herzen (Glas)
1 Bio-Zitrone
500 g griechischer Joghurt
2 EL frische Kräuter

BASIS-ZUTATEN

3 EL Olivenöl
Salz & Pfeffer

ZUBEREITUNGSZEIT:
30 MINUTEN
INKLUSIVE 20–25 MINUTEN BACKZEIT

Süßkartoffel-püree mit Ofen-Spargel & Parmesan

Ich habe eine Antwort auf die Frage: Was wollen wir heute kochen? Parmesan-Spargel aus dem Ofen mit spicy Süßkartoffelpüree! Ich persönlich liebe das Süßkartoffelpüree mit einer ordentlichen Portion Chili. Wer es lieber mild mag oder kleine Kinder hat, der tastet sich vorsichtig ran.

ZUTATEN
FÜR 3–4 PORTIONEN

400 g grüner Spargel
½ Bio-Zitrone (Saft & Zesten)
40 g Parmesan
700 g Süßkartoffeln
50 ml Milch oder Hafermilch
1 Prise Muskat
Chilipulver nach Belieben

BASIS-ZUTATEN

3 EL Olivenöl
Salz & Pfeffer

ZUBEREITUNG

1. Den Backofen auf 180 °C Umluft vorheizen.
2. Den Spargel waschen und die holzigen Enden mit einem Messer entfernen.
3. Den Spargel in eine Ofenform legen. Mit dem Zitronensaft beträufeln und mit den Zesten bestreuen. Das Olivenöl und den Parmesan ebenfalls über den Spargel geben und nach Belieben mit Salz und Pfeffer würzen. Den Spargel für etwa 20–25 Minuten im Ofen garen.
4. Währenddessen die Süßkartoffeln schälen und in grobe Stücke schneiden. Die Stücke in einen Kochtopf geben und mit so viel Wasser auffüllen, bis die Süßkartoffeln bedeckt sind. Das Wasser zum Kochen bringen und die Süßkartoffeln etwa 15 Minuten garen. Das Wasser abgießen und die Milch oder Hafermilch hinzugeben. Mit einem Kartoffelstampfer stampfen. Das Süßkartoffelpüree mit Muskat und Chili nach Belieben würzen und mit Salz und Pfeffer abschmecken. Zusammen mit dem Spargel anrichten.

ZUBEREITUNGSZEIT:
10 MINUTEN
+ 55 MINUTEN BACKZEIT

Glasierte Karotten
aus dem Ofen mit Haselnüssen

Diese Karotten benötigen nur sehr wenig Arbeit, aber dafür brauchen sie einige Zeit im Backofen. Doch die Geduld wird sich auszahlen. Denn am Ende bekommt ihr karamellisierte und sehr zarte Karotten auf den Tisch, die nichts mehr mit einer gekochten Version gemeinsam haben.

ZUBEREITUNG

1. Den Backofen auf 160 ° Umluft vorheizen.
2. Die Karotten in eine Auflaufform geben und mit dem Olivenöl beträufeln. Für etwa 40 Minuten im Backofen garen.
3. Nach 40 Minuten die gehackten Haselnüsse auf den Karotten verteilen, mit Ahornsirup beträufeln und weitere 15 Minuten im Backofen garen.
4. Für den Dip Joghurt und Tahin verrühren und mit den Karotten servieren.

ZUTATEN
FÜR 3–4 PORTIONEN

1 Bund Karotten
1 Handvoll gehackte Haselnüsse
2 EL Ahornsirup
4 EL Joghurt
2 EL Tahin

BASIS-ZUTATEN

3 EL Olivenöl
Salz & Pfeffer

ZUBEREITUNGSZEIT:
30 MINUTEN

Karamellisierter Pfannen-Rosenkohl

Noch vor einigen Jahren habe ich Rosenkohl gehasst. Und noch heute kann man mich mit gekochtem Rosenkohl jagen. Aber dieser Pfannen-Rosenkohl ist ein kompletter Game Changer und hat schon so manchen Rosenkohl-Hasser eines Besseren belehrt. Karamellisiert mit Balsamico und Ahornsirup schmeckt er leicht süß und herrlich lecker. Meine Familie kann nicht genug davon bekommen.

ZUTATEN

FÜR 4 PORTIONEN

500 g Rosenkohl
600 g Kartoffeln
1 EL Balsamico
1 EL Ahornsirup
1 Handvoll Pekannüsse
1 EL Butter
70 ml Milch

BASIS-ZUTATEN

Salz & Pfeffer
2 EL Olivenöl

ZUBEREITUNG

1. Zunächst den Rosenkohl gut waschen. Den Strunk der Röschen jeweils großzügig abschneiden, sodass die welken Blätter von allein abfallen. Dann die Röschen halbieren.
2. Die Kartoffeln schälen und achteln. Mit ausreichend Salzwasser zum Kochen bringen und je nach Größe und Kartoffelart 10–20 Minuten gar kochen.
3. Eine Pfanne erhitzen, etwas Olivenöl hineingeben und den Rosenkohl mit der Schnittseite nach unten in die Pfanne legen. Bei schwacher bis mittlerer Hitze 8–10 Minuten behutsam garen. Dann mit Balsamico und Ahornsirup ablöschen und die Pfanne schwenken, sodass der Rosenkohl gleichmäßig mit Balsamico und Ahornsirup ummantelt wird. Die Pekannüsse grob hacken und mit in die Pfanne geben. Weitere 10 Minuten braten.
4. Das Kochwasser der Kartoffeln abgießen und die Butter und die Milch zu den Kartoffeln geben. Mit einem Kartoffelstampfer cremig stampfen und nach Belieben mit Salz und Pfeffer würzen. Das Kartoffelpüree zusammen mit dem Rosenkohl servieren.

ZUBEREITUNGSZEIT:
20 MINUTEN
+ 1 STUNDE RUHEZEIT
+ 35–45 MINUTEN BACKZEIT

Apfel-Schalotten-Tarte

Äpfel und Schalotten passen wahnsinnig gut zueinander und verbinden sich auf einem knusprigen Mürbeteig zu einer geschmackvollen Tarte. Dieses Gericht passt besonders gut zu einem Abend mit Freunden.

ZUBEREITUNG

1. Alle Zutaten für den Teig mit den Händen miteinander verkneten. Den Teig in Folie oder ein Bienenwachstuch wickeln und für etwa 1 Stunde kalt stellen. Anschließend nochmals gut mit den Händen kneten, bis er sich zart anfühlt.
2. Mit einem Nudelholz ausrollen und in eine Springform legen. Mit Backpapier und Bohnen beschweren und für 15 Minuten blindbacken.
3. Die Äpfel entkernen und achteln. Die Schalotten schälen und vierteln.
4. Das Olivenöl in einer Pfanne erhitzen und die Äpfel hineingeben. Von allen Seiten für etwa 5 Minuten anbraten. Anschließend die Schalotten zugeben und weitere 5 Minuten braten.
5. Die Äpfel und Schalotten auf den fertig gebackenen Teig geben und mit Parmesan, Butterflocken und Thymian bestreuen. Im Backofen für etwa 20–30 Minuten backen und noch warm servieren.

ZUTATEN
FÜR 4 PORTIONEN

TEIG
200 g Mehl
100 g Butter + 1 EL Butterflocken zum Backen
1 Eigelb

BELAG
3 Äpfel
4 Schalotten
30 g Parmesan
1 EL getrockneter Thymian

BASIS-ZUTATEN
5 EL Olivenöl
Salz & Pfeffer

Snacks für unterwegs

Bei Kindern sind Snacks für unterwegs elementar. Seit ich Mutter bin, habe ich immer irgendeinen Snack in meiner Handtasche. Denn nichts ist schlimmer als ein schlecht gelauntes Kind, weil es urplötzlich und aus dem Nichts einen Bärenhunger bekommt. Aber ich bin nicht böse darum: Bei einem guten Snack zwischendurch sage ich selbst nicht nein und ich habe mich schon diverse Male selbst über meine Kindersnacks gefreut.

ZUBEREITUNGSZEIT: 20 MINUTEN

Quesadilla mit Spinat und Pilzen

Quesadillas gehören für mich zu den perfekten Unterwegs-Snacks. Eine herzhafte Füllung zwischen zwei Tortillas, zusammengehalten von Käse, sind ein prima Fingerfood. Ob für die Brotbox oder zum Picknick: Hier könnt ihr auch mit der Füllung nach Herzenslust spielen. Seid kreativ!

ZUTATEN
FÜR 4 PORTIONEN

200 g gemischte Pilze
100 g Babyspinat
1 Knoblauchzehe
4 Tortillas
200 g geriebener Käse (Bergkäse, Emmentaler oder Gouda)

BASIS-ZUTATEN

2 EL Olivenöl
Salz & Pfeffer

ZUBEREITUNG

1. Die Pilze putzen und den Spinat gut waschen.
2. Die Knoblauchzehe schälen und sehr fein hacken.
3. Eine Pfanne mit etwas Olivenöl erhitzen und die Pilze scharf anbraten. Den Knoblauch und den noch nassen Spinat zugeben und so lange dünsten, bis der Spinat in sich zusammengefallen ist. Mit Salz und Pfeffer würzen, in eine Schale geben und beiseitestellen.
4. Nun eine Tortilla in die Pfanne legen, mit einem Viertel des Käses bestreuen und die Hälfte der Pilz-Spinat-Mischung darauf verteilen. Nochmal die gleiche Menge Käse obendrauf geben und mit einer weiteren Tortilla abschließen. Nach etwa 2 Minuten die Quesadilla wenden, sodass beide Tortillas gleichmäßig braun sind. Die fertige Quesadilla auf ein Holzbrett legen und für 2 Minuten ziehen lassen.
5. In der Zwischenzeit den Vorgang mit den restlichen Zutaten wiederholen.
6. Die Quesadillas in Kuchenstücke schneiden und warm oder kalt genießen.

ZUBEREITUNGSZEIT:
10 MINUTEN
+ 3 STUNDEN RUHEZEIT

Dattel-Mandel-Müsliriegel

Einfacher kann man keine Müsliriegel zubereiten. Ganz ohne Backen und mit nur wenigen Handgriffen haben wir gesunde und leckere Energie-Lieferanten für unterwegs. Ihr könnt die Mandeln und das Mandelmus auch durch Erdnüsse und Erdnussmus ersetzen – so gibt es immer wieder verschiedene Variationen.

ZUTATEN
FÜR CA. 10 RIEGEL

10 Medjool-Datteln
70 g Haferflocken
70 g Mandeln
40 g Hanfsamen
70 g Mandelmus
1 EL Ahornsirup

ZUBEREITUNG

1. Die Datteln entsteinen, zusammen mit den Haferflocken in einen Food-Processor geben und grob zerkleinern.
2. Nun die restlichen Zutaten zugeben und kurz mixen, bis sich alle Zutaten miteinander verbunden haben.
3. Die Masse in eine Form mit ca. 18 × 15 cm geben und etwa 1 cm dick ausstreichen. Mit den Händen festdrücken.
4. Für mindestens 3 Stunden im Kühlschrank kühlen und mit einem scharfen Messer in beliebig große Stücke schneiden.
5. Luftdicht im Kühlschrank aufbewahren. Die Müsliriegel halten sich ca. 2 Wochen.

ZUBEREITUNGSZEIT:
10 MINUTEN
+ 1 STUNDE RUHEZEIT
+ 12 MINUTEN BACKZEIT

Oatmeal Cookies

Wann immer ich diese Cookies irgendwo mitbringe, sind sie im Nullkommanichts verschwunden. Es ist, als wäre dort ein Magnet drinnen und alle müssen einfach immer wieder zugreifen. Durch die Haferflocken sind sie schön kernig und der Mascobado-Zucker sorgt für eine zarte Karamellnote. Wichtig ist, eine wirklich gute Schokolade zu verwenden. Das macht einen Unterschied.

ZUBEREITUNG

1. Die Butter und den Zucker fluffig aufschlagen. Nun die Eier dazugeben und rühren, bis eine cremige Masse entstanden ist.
2. In einer anderen Schüssel Mehl, Backpulver und Haferflocken miteinander vermengen und zu den anderen Zutaten geben. Rühren, bis ein homogener Teig entstanden ist.
3. Die Schokolade grob hacken und unter den Teig heben. Den Teig für mindestens 1 Stunde kalt stellen.
4. Den Backofen auf 160 °C Umluft vorheizen.
5. Ein Backblech mit Backpapier auslegen und etwa 1 gehäuften EL Teig je Cookie darauf platzieren. Für 12 Minuten backen und auf einem Gitter abkühlen lassen.

ZUTATEN
FÜR CA. 10 COOKIES

200 g Butter
200 g Mascobado-Zucker
2 Eier
180 g Mehl
1 TL Backpulver
200 g Haferflocken (grob)
200 g dunkle Schokolade

ZUBEREITUNGSZEIT:
5 MINUTEN
+ 10–20 MINUTEN ZIEHZEIT
+ 40 MINUTEN BACKZEIT

Kern-Cracker

Die wohl gesündesten Cracker der Welt und so so lecker! Sehr einfach zubereitet, habt ihr im Handumdrehen gesunde Snacks immer dabei. Sie eignen sich auch ganz toll zum Dippen, z. B. in die Brotaufstriche von Seite 67 und 68.

ZUTATEN
FÜR 4–6 PORTIONEN

50 g Sesam
70 g Leinsamen
70 g Sonnenblumenkerne
70 g Chiasamen
40 g Kürbiskerne
Meersalzflocken zum Bestreuen

ZUBEREITUNG

1. Alle Samen und Kerne miteinander vermischen. 250 ml Wasser zum Kochen bringen und den Kernmix damit übergießen. 10–20 Minuten ziehen lassen.
2. Den Ofen vorheizen auf 180 °C Umluft.
3. Ein Backblech mit Backpapier auslegen und den Kernmix gleichmäßig auf dem Blech ausstreichen. Mit etwas Meersalzflocken bestreuen.
4. Etwa 40 Minuten backen. Abkühlen lassen und anschließend in Stücke brechen. In einem luftdichten Gefäß gelagert, bleiben die Cracker mindestens 14 Tage frisch.

ZUBEREITUNGSZEIT:
10 MINUTEN
+ 15 MINUTEN EINWEICHZEIT

Mango-Kokos-Energie-Kugeln

Vorsicht: Suchtgefahr! Diese kleinen Kugeln stecken voller guter Dinge, sorgen für einen schnellen Energie-Kick und schmecken ganz nebenbei wie kleine Zitronenkuchen. In einem luftdichten Gefäß aufbewahrt, halten sie im Kühlschrank mindestens zwei Wochen. Vermutlich sind sie aber schon viel schneller aufgegessen.

ZUBEREITUNG

1. Die getrocknete Mango für 15 Minuten in heißem Wasser einweichen. Das Wasser gut abtropfen lassen und die Mangostücke leicht ausdrücken.
2. Die Cashewkerne zusammen mit der Mango in einen Food-Processor geben und grob zerkleinern.
3. Nun die restlichen Zutaten dazugeben und so lange mixen, bis sich alle Komponenten miteinander verbunden haben.
4. Mit den Händen kleine Bällchen formen.
5. In einem luftdichten Gefäß und kühl gelagert, halten sich die Kugeln mindestens 14 Tage.

ZUTATEN
FÜR CA. 35 STÜCK

100 g getrocknete Mango
100 g Cashewkerne
100 g Kokosflocken
Schale einer ½ Zitrone
1 TL Kokosöl
1 EL Cashewmus
Mark einer ½ Vanilleschote

ZUBEREITUNGSZEIT:
15 MINUTEN

Schoko-Dattel-Pralinen

Gesunde Pralinen, ohne raffinierten Zucker, ohne Gluten und vegan. Für alle Freunde der gesunden Nascherei sind diese Kugeln genau das Richtige. Sie liefern dank der nährstoffreichen Zutaten schnell Energie und eignen sich daher auch hervorragend für die Brotbox.

ZUTATEN
FÜR CA. 40 STÜCK

150 g Mandeln
300 g Medjool-Datteln
4 EL Kakao + etwas zum Bestäuben
1 EL Mandelmus
1 EL Kokosöl

BASIS-ZUTATEN

1 Prise Salz

ZUBEREITUNG

1. Die Mandeln in einen Food-Processor geben und kurz grob mixen. Nun die Datteln dazugeben und nochmals grob zerkleinern. 2 EL Wasser dazugeben.
2. Nun die restlichen Zutaten dazugeben und so lange mixen, bis eine homogene Masse entstanden ist. Mit den Händen kleine Bällchen formen und mit Kakaopulver behutsam bestäuben.
3. In einem luftdichten Gefäß und kühl gelagert, halten sich die Kugeln mindestens 14 Tage.

ZUBEREITUNGSZEIT:
5 MINUTEN
+ 3 STUNDEN RUHEZEIT

Schoko-Crunch-Riegel

Knusprige Schoko-Riegel für alle Schleckermäulchen. Mit nur drei Zutaten sind sie kinderleicht zubereitet und eignen sich prima für unterwegs und als süßer Snack zwischendurch.

ZUTATEN
FÜR CA. 15 STÜCK

200 g Zartbitter-Schokolade
1 EL Mandelmus
200 g ungesüßte Cornflakes

ZUBEREITUNG

1. Die Schokolade grob hacken und über einem Wasserbad behutsam schmelzen.
2. Das Mandelmus unterrühren und die Cornflakes dazugeben. Alles gut miteinander verrühren.
3. Die Masse in eine kleine Auflaufform geben und festdrücken.
4. Für mindestens 3 Stunden in den Kühlschrank geben und anschließend mit einem scharfen Messer in beliebig große Stücke schneiden.
5. In einem luftdichten Gefäß kühl lagern. So halten sie sich ca. 7 Tage.

ZUBEREITUNGSZEIT:
5 MINUTEN

Schoko-Pflaumen
mit Meersalz

Diese kleinen, süchtig machenden Schoko-Früchtchen mit einer ganz feinen Meersalznote sind mit einem Happs im Mund. Sie eignen sich prima als Mitbringsel und sind der perfekte Snack zu einem Kaffee oder Tee. Anstelle der Pflaumen könnt ihr auch Aprikosen verwenden. Oder einfach beides.

ZUTATEN
FÜR CA. 40 STÜCK

100 g Zartbitterschokolade (mindestens 70 % Kakao)
400 g getrocknete Pflaumen
Meersalzflocken

ZUBEREITUNG

1. Die Schokolade grob hacken und über einem Wasserbad behutsam schmelzen.
2. Die Pflaumen in die geschmolzene Schokolade geben und gut verrühren, bis alle Pflaumen gleichmäßig mit Schokolade ummantelt sind.
3. Die Pflaumen auf ein Gitter oder Backpapier geben, mit etwas Meersalz bestreuen und auskühlen lassen.
4. In einem luftdichten Gefäß aufbewahren. So halten sie sich etwa 14 Tage.

Backen am Wochenende

Gibt es etwas Schöneres als in ein Zuhause zu kommen, das nach frisch gebackenem Kuchen und Keksen duftet? Ich kann mir beinahe nichts vorstellen, das mich mehr Wärme und Heimeligkeit fühlen lässt. Ich nehme mal stark an, dass es euch und euren Familien ähnlich geht. Also lasst uns backen, Freunde einladen und zusammen eine gute Zeit mit herrlichen Kuchen und Keksen haben!

ZUBEREITUNGSZEIT:
15 MINUTEN
+ 45 MINUTEN BACKZEIT

Polenta-Orangen-Kuchen

Saftig und trotzdem kernig. So lässt sich am ehesten die Konsistenz dieses Kuchens beschreiben.
Das Highlight ist ganz bestimmt der Orangensirup, den man am Ende über den Kuchen gibt und der ihn so herrlich saftig macht.

ZUBEREITUNG

1. Den Backofen auf 160 °C Umluft vorheizen.
2. Die Orangen auspressen und Zesten der Schale ziehen. 100 ml Saft beiseitestellen, den restlichen Saft aufbewahren.
3. 200 g Zucker und die Butter in eine Schüssel geben und mit einem Schneebesen fluffig aufschlagen. Nun die Eier dazugeben und so lange mixen, bis eine homogene Masse entstanden ist.
4. Polenta, Mehl, Backpulver, Orangensaft (bis auf die beiseitegestellten 100 ml) sowie Zesten der Orangen dazugeben und alles gründlich verrühren.
5. Eine Springform buttern, mehlen und den Teig hineingeben. Im Backofen etwa 45 Minuten backen.
6. In der Zwischenzeit den Orangensirup kochen. Hierfür den restlichen Zucker und den beiseitegestellten Orangensaft in einen Kochtopf geben und leicht einkochen lassen. Anschließend abkühlen lassen.
7. Den Zuckersirup über den abgekühlten Kuchen geben und servieren.

ZUTATEN
FÜR 1 SPRINGFORM
(24 CM DURCHMESSER)

2 Bio-Orangen (Zesten und Saft)
300 g Rohrohrzucker
250 g Butter
4 Eier
140 g Polenta
200 g Mehl
2 TL Backpulver

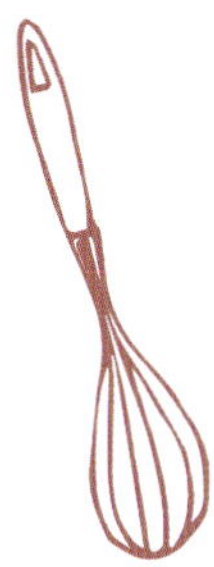

ZUBEREITUNGSZEIT:
10 MINUTEN
+ 20 MINUTEN BACKZEIT

Mandeltarte

Eine herrliche, zarte Tarte mit feinen Mandeln, die immer funktioniert. Die Zubereitung ist kinderleicht und in insgesamt 30 Minuten steht diese Tarte auf dem Tisch. Mit etwas Puderzucker bestäubt und frischen Früchten garniert, macht die einfache Tarte trotzdem ganz schön was her.

ZUTATEN
FÜR EINE SPRINGFORM
(24 CM DURCHMESSER)

150 g Zucker
50 g Mehl + etwas für die Form
65 g gemahlene Mandeln
75 g Butter + etwas für die Form
4 Eier

ZUBEREITUNG

1. Den Backofen auf 200 °C Ober-/Unterhitze vorheizen.
2. Den Zucker, das Mehl und die Mandeln vermengen. Die Butter behutsam schmelzen. Die Eier trennen und das Eiweiß steif schlagen. Das Eiweiß nach und nach unter die trockenen Zutaten heben. Nun die Butter dazugeben und alles behutsam verrühren.
3. Eine Kuchenform fetten und mit Mehl bestäuben. Den Teig hineingeben und für etwa 20 Minuten im vorgeheizten Ofen backen.

ZUBEREITUNGSZEIT:
15 MINUTEN
+ 1 STUNDE RUHEZEIT
+ 35 MINUTEN BACKZEIT

Schiacciate
mit Trauben

Schiacciate kommt aus der Toskana und ist eine Art italienisches Fladenbrot. Bei den hiesigen Bäckereien findet man sie häufig mit Oliven gebacken und herzhaft gefüllt. Unsere Schiacciate ist etwas dicker und fluffiger als die traditionelle Version. Mit Vanillesauce dazu einfach himmlisch!

ZUBEREITUNG

1. Die Hefe in 200 ml lauwarmem Wasser auflösen und mit Mehl, Zucker und Salz vermengen. Den Teig mindestens 1 Stunde an einem warmen Ort gehen lassen.
2. Den Backofen auf 180 °C Umluft vorheizen. Die Ofenform leicht ölen.
3. Den Teig halbieren und eine Hälfte in die Form legen. Die Trauben mit einer Gabel zerdrücken und auf dem Teig in der Form verteilen. Nun mit der zweiten Hälfte Teig bedecken und mit dem Olivenöl beträufeln.
4. Im Backofen für etwa 35 Minuten goldbraun backen.

ZUTATEN

FÜR EINE OFENFORM (CA. 15 × 21 CM)

8 g frische Hefe
300 g Mehl
2 EL Zucker
500 g kernlose rote Tauben

BASIS-ZUTATEN

2 EL Olivenöl + etwas für die Form
1 Prise Salz

ZUBEREITUNGSZEIT:
10 MINUTEN
+ 45 MINUTEN BACKZEIT

Italienischer Zitronenkuchen

Superfluffig und supersaftig! Mit Olivenöl und Ricotta im Teig unterscheidet sich dieser Kuchen von allen anderen Zitronenkuchen. Er schmeckt zu jeder Tageszeit und ist einfach herrlich unkompliziert.

ZUBEREITUNG

1. Den Backofen auf 180 °C Umluft vorheizen.
2. Das Mehl, den Zucker und das Backpulver miteinander in einer Schüssel vermengen.
3. In einer zweiten Schüssel den Ricotta, das Olivenöl und die Eier verrühren.
4. Nun den Inhalt der ersten Schüssel zum Inhalt der zweiten Schüssel geben und alles zu einem homogenen Teig verrühren.
5. Die Zitronen mit heißem Wasser abwaschen. Die Schale der Zitronen mit einer feinen Reibe abreiben und zum Teig geben. Eine Zitrone auspressen und den Saft ebenfalls zum Teig geben. Nochmals kurz verrühren und den Teig in eine gefettete Kastenform geben.
6. Für etwa 45 Minuten backen (Stäbchenprobe machen).

ZUTATEN
FÜR EINE KASTENFORM

250 g Mehl
150 g Zucker
3 TL Backpulver
250 g Ricotta
3 Eier (Größe L)
3 Bio-Zitronen

BASIS-ZUTATEN

210 ml Olivenöl

ZUBEREITUNGSZEIT:
10 MINUTEN
+ 3 STUNDEN EINWEICHZEIT
+ 1 STUNDE RUHEZEIT

Dattel-Karamell-Tarte ohne Backen

Dass dieses Karamell komplett ohne raffinierten Zucker auskommt, kann man beim Probieren kaum glauben. So cremig, süß und einfach sündhaft lecker!

ZUBEREITUNG

1. Das Mandelmehl, 30 g Mandelmus, 100 g Dattelsirup und 1 Prise Salz in einen Mixer geben und mixen, bis eine homogene Masse entstanden ist.
2. Den Teig in eine Tarteform geben und mit den Händen gleichmäßig festdrücken. Den Rand nicht vergessen. Kühl stellen.
3. Die Datteln entsteinen und für ca. 3 Stunden in Wasser einweichen.
4. Das Wasser abgießen und die Datteln mit 30 g Mandelmus, dem Kokosöl und 1 Prise Salz in einen Mixer geben und mixen, bis eine homogene Masse entstanden ist.
5. Das Karamell in die Tortenform auf den Boden geben und gleichmäßig verteilen. Für mindestens 1 Stunde im Kühlschrank kalt stellen.

ZUTATEN
FÜR 1 TARTEFORM
(CA. 22 CM DURCHMESSER)

140 g Mandelmehl
60 g Mandelmus
100 g Dattelsirup
10 Medjool-Datteln
100 g Kokosöl

BASIS-ZUTATEN

Salz

ZUBEREITUNGSZEIT:
15 MINUTEN
+ 30 MINUTEN RUHEZEIT
+ 12–15 MINUTEN BACKZEIT

Pistazien-Kardamom-Cookies

Ich gehöre zu den wohl größten Pistazienfans dieses Planeten. Pistazien funktionieren für mich pur genauso gut wie in Kuchen, Eis oder auch Keksen. Mit einem Hauch Kardamom werden diese Cookies zu etwas ganz Besonderem.

ZUTATEN
FÜR CA. 15 COOKIES

100 g Pistazien ohne Schale
250 g Butter
50 g Muscovadozucker
250 g Mehl
50 ml Ahornsirup
½ TL Zimt
½ TL Kardamom

ZUBEREITUNG

1. 70 g Pistazien in einen Food-Processor geben und zu Mehl verarbeiten. Die restlichen Pistazien klein hacken.
2. Die Butter in einen Mixer geben und zusammen mit dem Zucker fluffig aufschlagen. Das Pistazienmehl und die restlichen Zutaten zugeben und mixen, bis eine homogene Masse entstanden ist. Den Teig in Frischhaltefolie oder ein Bienenwachstuch wickeln und für mindestens 30 Minuten kalt stellen.
3. Den Backofen auf 160 °C Umluft vorheizen.
4. Den Teig etwa 5 mm dick ausrollen und mit einer beliebigen Form Cookies ausstechen. Die Kekse mit den übrig gebliebenen Pistazien bestreuen und diese behutsam andrücken. Für etwa 12–15 Minuten im vorgeheizten Backofen backen.

ZUBEREITUNGSZEIT:
15 MINUTEN
+ 30 MINUTEN BACKZEIT

Haselnuss-Shortbread
mit brauner Nussbutter

Shortbread ist ein englisches Gebäck, das eine herrlich buttrige Konsistenz hat. Richtig gut wird es aber, wenn man die Butter zunächst bräunt und sie dadurch ein tolles, nussiges Aroma entfaltet. Aber Vorsicht: Es macht süchtig!

ZUBEREITUNG

1. Zunächst die Nussbutter vorbereiten. Hierzu die Butter in einen Topf geben und behutsam schmelzen. Die Butter wird schäumen und brutzeln. Sobald die Bratgeräusche leiser werden, beginnt die Butter braun zu werden und nussig zu duften. Die Pfanne behutsam schwenken und die Butter leicht bräunen. Anschließend in eine Schale geben und kalt stellen.
2. Die kalte und erhärtete Nussbutter zusammen mit 100 g Haselnüssen und den restlichen Zutaten in eine Küchenmaschine geben und mit einem Flachrührer zu einem Teig verarbeiten. Alternativ funktioniert es auch mit den Händen.
3. Den Backofen auf 160 °C Umluft vorheizen und den Teig in eine kleine Form geben. Die restlichen Haselnüsse auf dem Teig verteilen.
4. Für etwa 30 Minuten im Backofen backen. Anschließend abkühlen lassen und mit einem scharfen Messer in beliebig große Stücke schneiden.

ZUTATEN
FÜR CA. 15 STÜCK

130 g Butter
120 g gemahlene Haselnüsse
70 g Mehl
50 g Puderzucker
1 Pck. Vanillezucker

Getränke

Smoothies gehören bei uns zu Hause zu unserem täglichen Brot. Es vergeht nur selten ein Tag, an dem wir keinen Smoothie mixen. Direkt am Morgen oder am Nachmittag – so ein Smoothie geht immer.
Wenn die Jahreszeiten sich ändern und Herbst und Winter vor der Tür stehen, lieben wir unsere Heißgetränke am Nachmittag. Dazu am liebsten noch ein Stück Kuchen oder einen Cookie. Ich könnte mir kaum etwas Gemütlicheres vorstellen.

Warme Getränke

Meine Kindheit habe ich an der Nordsee verbracht und daher liebe ich das stürmische und raue Nordseewetter. Auch heute kehre ich mit meiner Familie immer wieder gern zurück an die Nordsee. Sich einmal vom stürmischen Seewind durchpusten lassen, den Kopf frei bekommen und anschließend gemeinsam zu Hause unter einer Decke einmummeln und mit einem leckeren Heißgetränk aufwärmen. Wir lieben es!

Goldene Milch

ZUBEREITUNGSZEIT:
3 MINUTEN

ZUBEREITUNG

1. Alle Zutaten in einen Kochtopf geben und unter Rühren erhitzen.
2. Heiß servieren.

ZUTATEN FÜR 1 BECHER

250 ml pflanzliche Milch (Hafer- oder Mandelmilch)
½ TL gemahlene Kurkuma
½ TL Zimt
½ TL Kokosöl
1½ TL Honig

Heiße Mandelmilch

ZUBEREITUNGSZEIT: 5 MINUTEN

ZUTATEN FÜR 1 BECHER

2 Datteln
80 g Mandeln
½ TL Zimt
1 EL Ahornsirup (optional)

ZUBEREITUNG

1. Die Datteln entsteinen. Alle Zutaten mit 250 ml Wasser in einen leistungsstarken Mixer geben und pürieren.
2. Die Milch durch ein Sieb in einen Kochtopf füllen und unter Rühren erhitzen.
3. Heiß servieren.

Heiße Schokolade

ZUBEREITUNGSZEIT: 3 MINUTEN

ZUTATEN FÜR 1 BECHER

1 TL ungesüßtes Kakaopulver
1 TL Kokosblütenzucker
200 ml pflanzliche Milch (Hafer- oder Mandelmilch)
Mini-Marshmallows (optional)

ZUBEREITUNG

1. Das Kakaopulver und den Kokosblütenzucker in 50 ml heißem Wasser auflösen.
2. Kakaowasser und Milch in einen Kochtopf geben und unter Rühren erhitzen.
3. Optional mit Mini-Marshmallows garnieren und heiß servieren.

Chai Latte

ZUBEREITUNGSZEIT: 5 MINUTEN

ZUTATEN FÜR 1 BECHER

250 ml Pflanzenmilch (Hafer- oder Mandelmilch)
1 Teebeutel Schwarztee (optional entkoffeiniert)
½ TL Zimt
1 Nelke
1 Prise gemahlener Ingwer
1 TL Honig

ZUBEREITUNG

1. Alle Zutaten in einen Kochtopf geben und erhitzen.
2. Den Teebeutel und die Nelke entfernen und den Chai Latte heiß servieren.

ZUBEREITUNGSZEIT:
JEWEILS 3 MINUTEN

Smoothies

Smoothies sind für mich die perfekte Möglichkeit, einmal täglich die volle Ladung Vitamine für meine Familie und mich zu bekommen und somit die Vitamin-Geheimwaffe Nr. 1. Ich benutze am liebsten gefrorenes Obst, denn so sind die Smoothies nicht nur schön erfrischend, sondern auch nachhaltig. Ich kaufe nämlich am liebsten Saisonales und friere es dann ein. Diese Taktik eignet sich auch super für die braun und weich gewordenen Bananen, die keiner mehr essen mag. In Scheiben geschnitten und eingefroren, sind sie perfekt für Smoothies und sorgen für ordentlich Süße.

ZUBEREITUNG FÜR ALLE SMOOTHIES

1. Alle Zutaten in einen leistungsstarken Mixer geben und zu einer homogenen Masse mixen.
2. Sofort genießen.

Tropical Smoothie

ZUTATEN FÜR 1 PORTION
20 g Baby-Spinat
300 g Mango
1 Banane
2 EL Kokosflocken
½ Limette
200 ml Wasser

Vitamin-C-Smoothie

ZUTATEN FÜR 1 PORTION
1 Kiwi
1 Apfel
Saft von ½ Zitrone
Saft von 1 Orange
1 TL Honig
1 Stück Ingwer (optional)
150 ml Wasser

Schoko-Orangen-Smoothie

ZUTATEN FÜR 1 PORTION
Saft von 1 Orange
1 EL Rohkakaopulver
1 Banane
1 EL Hanfsamen
200 ml Hafermilch

Pink Smoothie

ZUTATEN FÜR 1 PORTION
150 g Himbeeren (TK)
1 EL Gojibeeren (eingeweicht)
1 Handvoll Cashewkerne (eingeweicht)
1 kleine Rote-Bete-Knolle (vorgegart)
150 ml Wasser

Register

G

H

S

T

V

W

Z

Dank

Dieses Buch zu schreiben war für mich ein Herzensprojekt. Ich habe jedes Rezept unzählige Male getestet und teilweise auch mehrfach fotografiert. Ich wollte, dass es perfekt wird. Ich wünsche mir so sehr, dass das Buch euch zu Hause das Thema Essen erleichtert und ihr Freude beim Kochen im Alltag haben werdet.
Auf diesem Weg haben mich viele liebe Menschen begleitet, bei denen ich mich bedanken möchte.
Allen voran mein Sohn Flynn, ohne den ich mich niemals mit dem Thema Familienküche beschäftigt hätte. Er hat mich bei dem Thema Essen ordentlich herausgefordert und ist der wohl strengste Kritiker, wenn es um meine Kreationen geht. Er ist der Grund für das, was ich heute tue. Dafür könnte ich kaum dankbarer sein.
Meine Mama, die mich beim Testen und Shooten der Rezepte unterstützt hat. Clarissa für ihre immer positiven Worte und für ihre tatkräftige Unterstützung beim Shooting der Mood-Bilder. Bei Carlie für die traumhaft schönen Mood-Bilder, die dem Kochbuch eine ganz besondere Stimmung verleihen. Bei Carl für seine kreativen Ideen und die Kaffee-Pausen. Bei Fabian, der nicht nur eine Vielzahl der Rezepte essen musste, konnte, durfte, sondern auch die Fähigkeit besitzt, immer das Licht anzuschalten, wenn ich mal meine Zuversicht und meinen Glauben verloren habe. Dein positiver Zuspruch war so wichtig!
Und natürlich bedanke ich mich noch bei ganz vielen anderen lieben Menschen, die mich immer unterstützt haben und niemals böse waren, wenn ich einige Wochen in der Küche verschwunden bin, ohne mich zu melden.

Die Autorin

Julia Radtke ist direkt am Meer in dem schönen Örtchen St. Peter-Ording an der Nordsee aufgewachsen. Heute lebt und arbeitet sie in Berlin und München. Sie ist Mama eines Sohnes, Kochbuchautorin, Food-Fotografin, eigentlich Architektin, liebt Kunst und Design und natürlich gutes Essen. Seit 2013 veröffentlicht sie auf ihrem Blog „Tiny Spoon“ gesunde, einfache und leckere Rezepte für die ganze Familie. 2017 erschien ihr erstes Kochbuch. Wenn Julia gerade nicht kocht oder schreibt, dann reist sie für ihr Leben gern.